山东大学经济学院学术文库

我国反向抵押贷款的风险因素与定价研究

张 茜 著

Research on the Risk Factors and

Pricing Models of Reverse Mortgage in China

经济科学出版社
Economic Science Press

图书在版编目（CIP）数据

我国反向抵押贷款的风险因素与定价研究/张茜著.
—北京：经济科学出版社，2015.8
（山东大学经济学院学术文库）
ISBN 978 - 7 - 5141 - 6022 - 2

Ⅰ.①我… Ⅱ.①张… Ⅲ.①住房抵押贷款 - 研究 -
中国 Ⅳ.①F832.479

中国版本图书馆 CIP 数据核字（2015）第 203660 号

责任编辑：柳 敏 李 林
责任校对：杨晓莹
责任印制：李 鹏

我国反向抵押贷款的风险因素与定价研究
张 茜 著
经济科学出版社出版、发行 新华书店经销
社址：北京市海淀区阜成路甲 28 号 邮编：100142
总编部电话：010 - 88191217 发行部电话：010 - 88191522
网址：www. esp. com. cn
电子邮件：esp@ esp. com. cn
天猫网店：经济科学出版社旗舰店
网址：http://jjkxcbs. tmall. com
北京汉德鼎印刷有限公司印刷
三河市华玉装订厂装订
710 × 1000 16 开 11.25 印张 180000 字
2015 年 8 月第 1 版 2015 年 8 月第 1 次印刷
ISBN 978 - 7 - 5141 - 6022 - 2 定价：30.00 元

前　　言

　　我国正面临着在低收入阶段步入老龄化社会，并且人口的老龄化程度正在不断加剧的严峻问题。一方面，现行的社会养老保障资金短缺，社会抚养比例不断提高、难以应对日益严重的老龄危机，另一方面由于城市"四二一"和"空巢"家庭的大量涌现，传统家庭养老模式难以维系。反向抵押贷款作为国外运营多年的一种成熟金融创新产品，为解决这一问题提供了很好的思路。所谓反向抵押贷款，是借款人在保留其住房居住权的前提下，把未来房屋的所有权抵押给金融机构，可以提前获得现金用于养老的一种金融工具。

　　虽然国外的学者对反向抵押贷款进行了深入而系统的研究，但我国居民的消费习惯、文化传统、管理体制、税收及土地政策、经济体制等正处于转型期，利率机制、房地产市场状况等与国外发达国家相比还有较大的差异。要扫清反向抵押贷款运作中的种种障碍，其中最为关键的内容是实现反向抵押贷款的合理定价，能够在定价模型中充分反映贷款机构所面临的风险因素。因此，有必要首先对影响反向抵押贷款定价的主要风险因素从定性及定量两方面做具体而深入的探究，进而实现产品的合理定价。国外主流的反向抵押贷款定价方法是支付因子法和保险精算方法，这两种方法具有一定局限性无法直接应用于我国，需要对定价模型进一步改进设计，尤其是风险参数的选择与测算上需要慎重处理，否则得出的计算结果就极可能与实际有天壤之别，甚至出现较大谬误。目前国内对反向抵押贷款的定价研究还处于起步阶段，定价模型多基于静态风险假设、单风险因素波动假设以及双风险因素波动假设，缺少全面、系统的研究。

　　基于上述研究背景，本书期望在系统分析影响反向抵押贷款定价的主要风险因素的基础上，构建综合、系统、合理的定价模型体系，为我国推行反向抵押贷款提供有效的技术支持。反向抵押贷款定价涉及的风险参数有很多，研究者普遍认为借款人预期寿命的衡量、抵押住房价值波动和贷款利率波动是其中最为关键的三个影响因素，而这三者的波动均表现出很强的可描述性的特点。本书的研究重点为如何准确预测这些风险因素的未来波动路径，并在定价中予以综合反映，进而实现反向抵押贷款的合理定价。由此形成了本书要解决的四个主要问题。

问题一，识别影响反向抵押贷款定价的风险因素有哪些。

问题二，如何对这些风险因素的变动路径进行表述，并进行走势预测。

问题三，建立合理的风险中性精算定价模型，在模型中充分反映主要影响因素的波动风险。

问题四，对定价模型进行实证分析，检验其合理性。

通过围绕上述四个问题循序渐进，进行层层深入的研究，得出了下列研究成果：

第一，详细识别并分析了影响反向抵押贷款定价的主要风险因素，寻求描述各风险因素未来波动的计量模型，并通过 Matlab、Eviews，S – Plus 等软件模拟了各风险的未来变化情景。

第二，借款人未来寿命的不确定性。本书指出随着经济、生活和医疗条件的不断改善，我国人均寿命不断延长，死亡率逐年降低，并呈现动态波动特征。贷款机构应采用动态死亡率波动模型来预测借款人的未来死亡率的发展，进而计算借款人预期寿命。研究表明，Lee – Carter 死亡率模型能较好地预测我国人口的死亡率发展趋势，在此框架下利用中国人寿保险业经验生命表对各年龄反向抵押贷款借款人群的预期死亡率数值进行了测算。进而以一次性总额支付方式的反向抵押贷款产品为例，分别利用预测数据与我国现有生命表数据分别计算了贷款金额，分析了死亡率波动对反向抵押贷款产品定价的影响。

第三，抵押住房价值波动，本书采用灰色系统理论的预测方法，构建了灰色马尔可夫房价预测模型，并利用中房全国二手住宅价格指数对反向抵押贷款的抵押住房价值走势进行了动态预测，进而阐述了如何将此风险参数的预测嵌入反向抵押贷款的定价模型，充分反映贷款利率波动对反向抵押贷款定价的影响。并提出了风险防范建议。

第四，贷款利率波动，本书指出在我国利率市场受政府管制的前提下，反向抵押贷款适宜采用与政府五年以上贷款基准利率保持同频率变动的浮动利率计息形式。因此可以采用描述我国政府基准利率波动的单纯跳跃过程来描述反向抵押贷款利率的变动情况，并利用历史数据进行了数值模拟。并阐明如何将此风险参数的预测嵌入贷款的定价模型，充分体现贷款利率波动对反向抵押贷款定价的影响。最后，提出了贷款利率波动风险控制的建议。

第五，其他影响产品定价的风险因素，主要包括逆向选择、道德风险、流动性风险、政策调整、费用风险和价值观风险。本书通过定性及定量两方面分析了这些因素对反向抵押贷款定价的影响，由于这些因素自身特征，以及现有风险衡量手段的局限，难以在定价模型中予以充分反映，但通过科学的产品设计及规范运作机制同样可以达到有效控制风险的目的。

第六，综合考虑上述风险因素对定价的影响，将借款人未来寿命、利率和房价作为反向抵押贷款定价模型的三个主要动态参数，依据金融资产定价理论中的风险中性定价方法，构建了系统的动态精算定价模型体系，此模型能够充分反映借款人未来寿命的不确定性、未来利率波动及抵押住房价值变动情况。定价体系中针对不同的贷款支付方式、单生命与双生命状态、不同性别以及是否有提前可赎回选择权分别构建了定价模型。并搜集了当前各种相关实际数据，利用蒙特卡洛模拟的方法预测了各风险因素未来同时变动的情景，得出了实证定价结果，并对其进行了敏感性分析。实证结果均可得到较为合理的解释，进一步验证了定价体系的合理性。

在上述研究成果中，本书的主要创新点有：

第一，基于中国人寿保险业新、老经验生命表的数据的对比，发现人口死亡率出现了显著降低的趋势，呈现动态波动特征。本书在识别样本数据基本特征的基础上，创新性地将 Lee – Carter 死亡率预测的方法引入反向抵押贷款借款人群未来寿命的预测中，构建动态死亡率波动模型，并定量分析了借款人死亡率波动对反向抵押贷款定价的影响。

第二，鉴于房价指数一般为月度数据，序列的变化相对平稳且存在一定波动的特点，尝试运用灰色马尔可夫预测模型进行分析。研究发现灰色马尔可夫模型对房价波动的预测具有较高的精度，模型检验结果令人满意。因此，采用灰色马尔可夫模型来预测反向抵押贷款抵押住房价值走势更为符合我国实际。

第三，利用风险中性定价的基本思想，在以往基于利率和房价双因素波动的定价模型的基础上，增加了借款人群未来死亡率的动态预测，创新性地构建了基于利率、住房价值和未来寿命三因素波动的动态反向抵押贷款综合定价模型体系。在此定价体系中具体区分有赎回权与无赎回权、一次性总额支付与终身年金支付、单生命状态与双生命状态等不同情况，分别构建了精算定价模型。

第四，指出并分析了以往国内研究对反向抵押贷款赎回选择权理解上的偏差，按照一般理解对赎回权重新进行了概念界定，提出反向抵押贷款赎回权更适宜采用美式期权进行操作与定价，并构建了相应的定价模型，进行了赎回权价格测算。

总而言之，基于我国老龄化形势日益严峻，而现有养老体系资金来源短缺的现实背景，发展反向抵押贷款实现老年人以房自助养老，可以作为现有养老资源的有益补充，是创新养老思路的好办法。本书在对影响反向抵押贷款定价的主要风险因素进行深入的探讨的基础上，构建了基于贷款利率、住房价值和借款人未来寿命三因素波动的反向抵押贷款综合定价模型体系，并进行了实证定价与分析，期望为推进反向抵押贷款在中国的开展提供一定的理论支持与技术方法。

目　　录
Contents

第 1 章

导　　论

随着我国老龄化水平的不断加剧，如何解决养老问题，已成为大家普遍关注的一个社会问题。养老问题的核心是养老金的来源问题。一方面，从社会养老来讲，虽然政府部门采取了多种手段，但我国是发展中国家，人口基数规模庞大，老龄化速度快，经济基础相对薄弱，社会保障水平和覆盖范围受到很大制约。另一方面，从家庭养老来说，由于计划生育国策的长期实行和国民人均寿命的不断延长，社会中"四二一"结构家庭和空巢家庭数量不断增多，传统依靠儿女养老的方式越来越难以维系。因此，有必要创新养老模式，开辟新的养老金来源。

住房反向抵押贷款是为解决"房产富裕，现金缺乏"老年人的养老问题而设计的一种金融创新工具。基本思路是将老年人去世后留存的房产价值，通过一定的金融保险手段，将其在老年人生前予以提前变现，形成一笔稳定并可延续终生的现金流入，以满足养老保障。基本操作是：人们将自有产权住房，在退休后抵押于金融保险机构，从该机构取得一笔或分期定额的给付金用于养老，直到老人身故。贷款机构在老人去世后取得该房屋的完全支配权，并通过出售住房或其他经营方式取得款项，清偿老人抵押贷款的全部本息。这种住房养老的方式可以作为现有养老资源的有益补充，是创新养老思路的好办法。

中国开展反向抵押贷款需要解决问题有很多，其中最为关键的内容是实现反向抵押贷款的合理定价，能够在定价模型中充分反映贷款机构和借款人所面临的风险因素。由此，本书将首先对影响反向抵押贷款定价的主要风险因素从定性及定量两方面做深入的分析，进而将风险因素综合考虑，完成产品定价模型的构建与实证检验，为此项产品在中国的推行提供科学基础。

1.1 研究背景

1.1.1 人口老龄化程度加剧及养老保障资源短缺

国际通行的标准是，如果一个国家或地区 60 岁以上人口比例达到总人口的 10%，或 65 岁以上人口比例达到 7%，则认为此国家或地区步入老龄化社会。按此标准中国从 1999 年进入老龄化社会，是发展中国家较早进入老龄化的国家。伴随人均寿命的不断延长和人口出生率的逐渐下降，老龄化趋势呈现加速状态。

根据全国老龄委办公室发布的《中国人口老龄化发展趋势预测研究报告》，我国老龄化进程可分为三个阶段：（1）从 2001~2020 年属于快速老龄化时期。老年人口的年平均增速达到 3.28%，大大超过人口总数年均 0.66% 的增速，报告预测到 2020 年，我国老年人口数量可能达到 2.48 亿，占人口总数的 17.17%。（2）2021~2050 年是加速老龄化时期。我国人口数量逐步从增长转入降低，老龄化程度也会进一步加剧。报告预测到 2050 年，我国老年人口数量将超过 4 亿人，占总人口比重超过 30%。（3）从 2051~2100 年属于重度老龄化时期。预计此阶段我国老龄化水平将基本稳定在 31% 左右，老年人口数量保持在 3 亿~4 亿人左右，最高达到 4.37 亿，进入到一个高度老龄化的平台阶段。中国的人口老龄化具有主要六大特征：老年人口规模巨大、老龄化发展迅速快、地区间发展程度不平衡、城乡倒置显著、女性老年人口数量高于男性，以及老龄化超前于现代化。

随着我国长期实行计划生育的基本国策，倒金字塔式的"四二一"结构家庭和空巢家庭大量出现。作为中间阶层的中年人是上有老，下有小，无论在提供时间、精力和物质等方面均赡养压力巨大，无法给父母或祖父母提供较好的照顾，家庭养老的传统功能已经显著弱化。

从我国养老保障体系中社会基本养老、企业补充养老、个人自我养老的发展状况来看，我国的养老问题也十分突出。一方面，退休人口占比不断提高，基本养老保险基金支出大幅增加，而在职人员相对减少，缴纳基数下降，资金来源不足，造成支付压力不断增大，加上我国基本养老保险从现收现付制向部分积累制转轨过程中积累的巨大隐性债务，因此我国的基本养老保障只能保持低水平。其次，企业补充养老保险发展受到诸多因素的限制，此方面的税收优惠并未得到有效确立、各地区基本养老保险制度并不统一、居民收入分配的格局不平衡、企业的社会责任缺失等，而且上述因素在短时间之内难以改变。再次，在职劳动力的很大一部分收入要花费在教育、医疗和住房上，大部分人没有能力为自己的晚年作充足的储蓄准备。①

1.1.2　住房制度改革使得我国住房自有率显著提高

通过住房体制改革，城市自有住房拥有率为 85.39%，远超世界平均水平 60%。② 住房通常是家庭的主要财富，价值较高，但多数老年人仅有一套住房，因为由于居住需要，所以无法通过出租或出售将其变现。许多老人拥有高额房产，但因现金不足，却无法改善其养老条件。

1.1.3　住房反向抵押贷款在许多国家已有成功的发展经验

早在 400 多年前，以房养老的思想在荷兰就已经出现了，基本做法是：年轻人购买老年人住房，且允许老年人有生之年仍居住其中，待老年人去世后年轻人才能收回该房屋。真正意义上的反向抵押贷款可追溯到1961 年的美国，迪凌（Deering）信贷公司的尼尔森·海恩斯（Nelson Haynes）发给一位中学足球教练遗孀的特殊融资贷款（柴晓武和胡平，2012）③。从 20 世纪 70 年代开始，美国进入老龄化社会，住房自有率大幅

---

① 魏华林，何士宏. 反向抵押贷款养老保险机制的设计与安排. 保险研究，2007（4）.
② 中国家庭金融调查研究中心. 中国家庭金融调查报告.2011 年 5 月，第 6 页.
③ 柴晓武，胡平. 美国反向抵押贷款发展历程及对我国的启迪［J］. 经济与管理研究，2010（4）.

提高，许多老人成为了"房产富人，现金穷人"。在此背景下政府和国会开始介入，并提供政策支持，住房反向抵押贷款逐步发展起来，成为一种规范的住房金融工具。而后，随着世界老龄化趋势的普遍加剧，其他国家也相继结合本国国情，推出了住房反向抵押贷款产品，如英国房屋价值释放计划、加拿大的房屋收入计划、澳大利亚的逆向年金抵押贷款等。这些住房价值转换计划为减少贫困，提高老年人的及其收入，改善其养老条件起到了积极作用。

在这样的社会大背景下，我国开拓新的养老资源和促进思想观念的创新，充分利用老年人整个生命周期内拥有的各种资源，尤其是去世后的剩余财富如住房，将其提前变现，用于改善晚年的生活和医疗条件，具有极大的必要性和可行性。

1.2　研究意义

住房反向抵押贷款在国外已经发展得较为成熟，但我国尚未推行。对它的研究，具有重要的理论意义和现实意义。

1.2.1　理论意义

1. 丰富和深化了养老保障、住房金融等相关理论

反向抵押贷款是一种较为综合的金融创新产品，涉及金融、保险、房地产、制度经济学和社会学的相关基础理论和方法。对反向抵押贷款的研究，不仅是这些理论和方法的组合和运用，并且进一步丰富和深化这些理论。

2. 扩大生命周期理论、资产配置理论在家庭理财研究中的适用范围

之前关于家庭理财资源配置的研究中，大多针对的是金融资源，且主要针对一个阶段的资源优化利用。把生命周期理论应用到住房反向抵押贷款中，将家庭资源配置范围扩展到了不动产，同时把研究周期扩展到一生，从而这些理论在家庭理财研究中的适用范围。

3. 促进我国金融创新的发展

中国现行的抵押信贷方式主要是抵押贷款和质押贷款，二者都是正向贷款方式，还缺乏反向的抵押信贷产品。通过对反向抵押贷款的深入研究，开发适合我国的产品，对于丰富我国信贷方式，使之规模化、系列化具有重要价值。

1.2.2 现实意义

1. 推动了养老方式和养老理念的创新

在现在依靠社会和家庭养老的基础上，增加针对反向抵押贷款的研究，以老年人拥有的住房为基础，实现老年人的自助养老，促进了传统养老观念的转变。

2. 新型金融工具的开发，可丰富金融市场的业务品类

反向抵押贷款的推行，会增加不动产的流动性，特别是活跃二级房地产市场，推动房地产市场的发展。另外，补充了金融信贷产品的品类，培养了新的经济增长点，扩展了金融机构的赢利空间。再有，合理运用传统的和反向的抵押贷款，可改变个人一生的消费预算约束，提高整个生命周期的生活品质，提高晚年福利水平。

3. 促进传统养老思维定式和生活方式的双重转变

老年人可利用住房实现自我养老，解除其后顾之忧，有助于增加即期消费，减少其储蓄水平，扩大内需，从而拉动国民经济增长；有利于增强子女的独立性，削弱子女对父母的依赖程度；有助于弥补社会养老保障体系的不足，提高老年人晚年生活质量，促进整个社会和谐稳定发展。

1.3 研究内容

反向抵押贷款是一种复杂的金融产品，涉及的风险因素和影响程度远超传统的住房抵押贷款。反向抵押贷款要想在中国顺利推出，需要做的铺垫工作有很多，包括人民群众传统养老观念的变革、政府相关法律法规的制定、合理的运作机制的设计、执行与监管、不同类型的产品设计与定价等。要扫清反向抵押贷款运作中的种种障碍，其中最为关键的内容是实现反向抵押贷款的合理定价，并能够在定价模型中充分反映贷款机构和借款人所面临的风险因素。因此有必要首先对影响反向抵押贷款定价的主要风险因素从定性及定量两方面做具体而深入的探究，进而在定价模型中综合体现各风险参数变动，实现产品的合理定价。由此形成了本研究需要解决的主要问题：

问题一，识别反向抵押贷款的主要风险因素有哪些；

问题二，如何对这些风险因素的变动路径进行表述，并进行走势预测；

问题三，综合考虑各风险参数的影响，建立合理的风险中性精算定价模型；

问题四，对定价模型进行实证分析，检验其合理性。

反向抵押贷款的价格是指老年人将其自有的住房抵押给金融机构之后，可以从金融机构一次性或者分期的获得多少金额。价格的高低会直接影响到此产品的供给和需求的数量。借款申请人希望通过反向抵押贷款可以获得尽可能高的贷款比例，此数值越高表示老人可以有更多的资金用于改善自身生活质量，从而参与积极性会增加，但这会增加贷款机构承担的贷款结束时贷款积累值超过住房价值风险的概率。反之，如果可贷款比例太低，虽然贷款机构发生损失的风险降低，但借款人获得金额太少会选择退出或不参加此项目。

决定借款人可贷款比例的因素很多，主要包括借款人未来寿命、贷款利率和住房价格波动、申请费、支付方式、住房贬值速度等。一般而言，借款人未来寿命、贷款利率和住房价格波动是最为关键的三大因素，这三者又都是会随时间推移而不断发生变化的动态指标。虽然国外研究对反向抵押贷款的风险和定价进行过比较系统的研究，但我国正处于经济社会快速发展的转型阶段，人们的生存状况持续改善，房价波动大，利率机制与国外不一致，因此国外研究方法直接在中国应用必然会出现水土不服的问题。

本书研究的思路是：探讨在我国现行体制下影响反向抵押贷款定价的主要风险因素有哪些；通过过去几年的样本数据找出这些因素的波动规

律，分别构建各风险的动态波动模型对其未来走势进行预测模拟；整合各风险预测模型，建立包含这些风险参数的动态定价模型体系，通过全方位模拟各因素变化的过程进行数值定价。使得定价能合理地补偿贷款机构承担的风险，同时又能让借款申请人可以接受。

1.4 研究方法

1.4.1 理论研究

对住房反向抵押贷款的性质、构成要素和特征进行界定，从理论角度探讨其发展的可能性。之后对住房反向抵押贷款蕴含的经济学、风险管理及金融资产定价的相关理论进行归纳和阐述。

1.4.2 数理建模及公式推导

利用理论研究的结果，将影响住房反向抵押贷款的各种宏观和微观风险进行高度抽象，选择主要因素，并以此为参数，进行数理建模。一是为测算合理的定价区间，为产品推出提供技术支撑。二是对各参数在可能的变化区域内，进行敏感性测算和检验，寻求最优解。

1.4.3 蒙特卡洛模拟及数值分析

利用 Matlab 和 Eviews 进行蒙特卡洛模拟运算，全方位模拟各风险因素的未来波动情况，最终实现反向抵押贷款产品的数值定价，并进行数据分析。

1.4.4 实证分析

利用计量经济学方法，对各风险因素进行相关性检验，以及定价结果合理性的检验。

1.5　研究思路与章节安排

1.5.1　研究思路与逻辑结构

本书的研究思路与逻辑结构如图 1-1 所示。

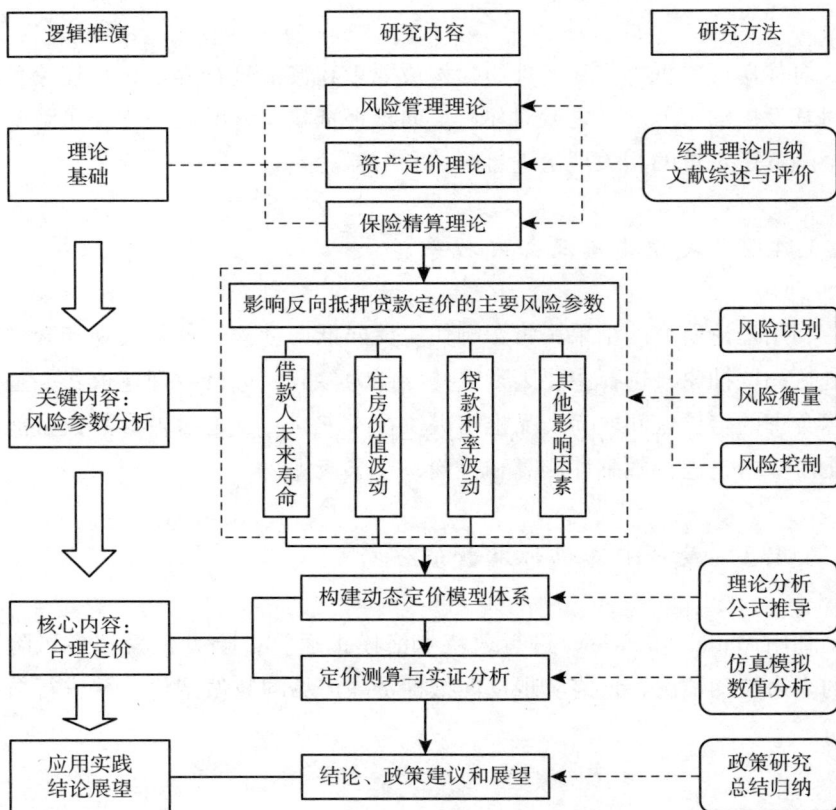

图 1-1　研究思路与逻辑结构

1.5.2 章节安排

第 1 章, 导论。阐明了本书的选题背景和研究意义, 介绍了本书的主要研究内容和研究方法, 搭建了文章研究框架等。

第 2 章, 理论基础与文献综述。在梳理国内外反向抵押贷款相关研究文献的基础上, 把握目前此研究领域的前沿, 理顺本书在此研究领域的顺承关系。另外, 介绍了反向抵押贷款、风险管理及其定价的理论依据, 为后续产品的风险因素分析和定价模型的构建奠定了理论基础。

第 3 章至第 6 章是本书的关键部分, 对影响住房反向抵押贷款定价的主要风险因素分别从风险识别、风险衡量及风险管理的角度进行定性和定量分析, 对主要风险因素波动进行预测, 分别构建动态风险参数模型, 为后续反向抵押贷款产品定价做好铺垫。

第 3 章, 反向抵押贷款借款人未来死亡率波动风险。首先分析指出人口死亡率逐年降低, 呈现动态波动特征。借款人预期寿命直接决定贷款期限, 进而影响贷款机构的盈亏, 因此有必要对借款人群的未来死亡率变动进行合理预测。在文献梳理的基础上, 构建了符合我国人口发展特点的 Lee – Cater 动态死亡率预测模型, 并对模型的合理性进行了检验, 进而预测了我国近 10 年的死亡率走势。并以一次性总额支付方式的反向抵押贷款产品为例, 分别利用预测数据与我国现有生命表数据计算了贷款额度, 分析了死亡率波动对反向抵押贷款产品定价的影响。最后, 提出了风险管控建议。

第 4 章, 反向抵押贷款抵押住房价值波动风险。首先分析了贷款机构由于房价波动可能遭受聚合房价风险和个体房价风险; 进而, 对影响房价波动的主要因素进行了剖析; 在综合分析 2005 年 7 月到 2010 年 12 月的中房全国二手房住宅价格月度指数波动规律的基础上, 建立了灰色马尔可夫模型模拟房价波动路径, 拟合效果较好; 另外, 阐述了如何将此风险参数的预测嵌入反向抵押贷款的定价模型, 充分反映住房价值波动对反向抵押贷款定价的影响; 最后, 简要提出了贷款机构管控房价波动风险的建议。

第 5 章, 反向抵押贷款利率波动风险。首先对贷款机构可能遭受的利率风险进行了一般性阐述; 在此基础上, 分析了我国现行机制下贷款利率的波动路径的特点，进而构建了单纯跳跃的利率波动模型对其进行模拟，并预测了未来可能的利率波动路径；分析阐述了如何将此利率风险参数的预测嵌入反向抵押贷款的定价模型，充分反映贷款利率波动对反向抵押贷款定价的影响；最后提出了利率风险防范的建议。

第6章，影响反向抵押贷款定价的其他风险因素，从定性和定量两方面分析了逆向选择、道德风险、流动性风险、政策调整，费用风险和价值观等因素对反向抵押贷款定价的影响。由于这些因素自身特征，以及现有风险衡量手段的局限，难以在定价模型中予以充分反映，但通过科学的产品设计及规范运作机制同样可以达到有效控制风险的目的。

第7章和第8章是本书的核心部分。

第7章，反向抵押贷款定价模型体系的构建。本部分首先阐明了本研究定价模型体系构建的理论依据和较以往研究的改进之处；针对以往对赎回权的理解缺陷，对无赎回权与有赎回权的概念进行了重新界定；综合考虑第3章到第6章涉及的风险参数，将其嵌入定价模型中，对无赎回权反向抵押贷款和有赎回权反向抵押贷款两大类产品进行分别定价。分别介绍了两类产品的定价的基本思路，构建了区分一次性总额支付方式和终身年金支付方式、区分性别的单生命状态和双生命状态的各类基准定价模型。

第8章，定价结果与检验分析。对第7章构建的定价模型分别进行了数值模拟，测算了定价结果，并进行了敏感性分析。

第9章，结论、政策建议与展望。对本书的研究进行了总结，归纳了主要的研究结论，从反向抵押贷款定价和风险管理两方面提出了政策建议，报告了文章的创新点以及不足之处，指明了今后进一步研究的方向。

1.6 创新点与不足

本书的创新在于分析了我国现行体制下反向抵押贷款主要风险因素的动态波动规律，并在此基础上利用风险中性定价法构建了综合定价模型体系，并进行了数值模拟和检验分析。

笔者认为，与以往的研究相比本书的主要创新点如下：

1. 提出可用 Lee – Carter 模型进行反向抵押贷款借款人未来死亡率的预测

以往研究反向抵押贷款定价的文献中，在考量借款人未来寿命因素时，均假定静态死亡率，使用人寿保险业经验生命表取值计算，未能反映借款人群整体死亡率变化对定价的影响。基于中国人寿保险业新（2000～2003 年）、旧（1990～1993 年）经验生命表的数据的对比，发现人口死亡率出现了显著降低的趋势，呈现动态波动特征。本书在识别样本数据基本特征的基础上，创新性地将 Lee – Carter 死亡率预测的方法应用于反向抵押贷款定价模型的借款人死亡率参数的估计中，构建动态死亡率波动模型，并定量分析了此风险对反向抵押贷款定价的影响。

2. 提出我国适合采用灰色马尔可夫模型对反向抵押贷款抵押住房价值走势进行描述

自从 1998 年国家进行住房改革以来，我国房地产市场经历了一波飞速发展的时期，住房价格上涨走势显著高于欧美发达国家和周边国家。基于国内外房价走势预测方法研究文献的分析归纳，以及利用 2005～2010 年中房全国住宅价格指数的样本数据分别对各种预测模型进行拟合检验，发现多元统计回归模型，自相关时间序列模型，对数随机游走模型以及神经网络预测方法，数据拟合效果均不理想，对我国的适用性不强。鉴于房价指数一般为月度数据，序列的变化相对平稳且存在一定的波动的特点，尝试运用灰色马尔可夫预测模型进行分析。研究发现灰色马尔可夫模型对房价波动的预测具有较高的精度，模型检验结果令人满意。因此，采用灰色马尔可夫模型来预测反向抵押贷款抵押住房价值走势更为符合我国实际。

3. 构建了全面动态的反向抵押贷款定价模型体系

以往研究多基于预定的静态参数假设进行计算，或基于单一风险因素波动构建定价模型。近两年部分国内研究者构建了基于利率和房价的双因素波动模型，但相关风险参数波动预测模型使用的前提假设条件对我国的适用性并未进行充分验证。另外，定价模型各影响因素的相互关系、对定价结果的影响程度、基准定价模型的逻辑结构的合理性等方面均有待于进一步完善。

鉴于影响反向抵押贷款定价的主要风险因素具有很强的可定量预测的特征，以及我国现阶段还无法形成标准化交易市场的情况下，适合采用风险中性定价方法进行产品定价。因此，论文将风险中性定价法和精算方法相结合，在国内首次构建了基于贷款利率、住房价值和借款人未来寿命三因素波动的反向抵押贷款综合定价模型体系。在此定价体系中具体区分有赎回权与无赎回权、一次性总额支付与终身年金支付、单生命状态与双生命状态等不同情况，分别构建了精算定价模型。

4. 分析提出反向抵押贷款赎回权更适宜采用美式期权定价法对进行测算

本书指出并分析了以往国内研究对反向抵押贷款赎回权理解上的缺陷，按照国外一般理解对赎回权重新进行了概念界定。一般的赎回权，也可称为提前可赎回选择权，其实是在一个无赎回权反向抵押贷款的基础上植入一个可提前赎回的选择项，类似于美式期权。这样在定价时，可首先按照无赎回权反向抵押贷款进行定价计算，然后再单独计算此选择权的价格。这种做法有利于贷款机构设计不同类型的可赎回选择权，提供给借款人自主选择。

5. 利用 Matlab 编程进行蒙特卡洛模拟运算

考虑到反向抵押贷款涉及的风险因素多种多样，且各因素的波动过程各不相同，复杂性程度高，因此本书采用 Matlab 2009 软件，编写了蒙特卡洛数值模拟程序，对模型的各风险参数进行了动态数值模拟分析。有效克服了以往定价模型中使用静态参数的缺陷，定价结果更为合理。

鉴于笔者的时间和能力所限，本书的研究尚有不少需要进一步完善的方面。本书重点定量分析了三大主要风险因素，并提出了道德风险、流动性风险等其他风险因素的定量衡量方法，但对于其他因素如房屋折旧、费用率等种种因素在定价测算中仅作为常量考虑，显得相对弱化。由于样本数据的限制，本书对不同风险因素的相关性和相关程度的讨论欠缺。这些问题将是今后努力和研究的方向。

第 2 章

理 论 基 础 与 文 献 综 述

2.1 反向抵押贷款

2.1.1 含义、优缺点与国际经验

1. 反向抵押贷款的含义

反向抵押贷款（Reverse Mortgage），是让老年人可以将其所有并且正在居住的房产通过出售以外的其他手段获得现金收入的一种融资工具。具体做法是，是指借款人以其所持有的住房产权作为抵押向金融机构申请借款，来满足其消费需求，同时借款人仍然可以保留房屋居住权，在借款人去世、永久搬离或出售房产时，贷款合同期限结束，借款人需要清偿债务或将房产交给贷款机构处理变现，用于偿还贷款本息，房价升值的部分归老年人或其继承人所有，或者按照双方的借贷合同共同分享。由于此金融工具的现金流方向与一般的住房抵押贷款刚好相反，因此被称为反向抵押贷款。将反向抵押贷款与一般住房抵押贷款的运作状况进行比较，可以发现两者的借款目的、给付方式、还款方式等均不相同，如表 2－1 所示。

表 2 - 1 　　　　　　一般住房抵押贷款与反向抵押贷款的区别

贷款类型	借款人目的	贷款人给付方式	还款方式	贷款余额	房产权益转移
一般住房抵押贷款	买房	一次性总额给付	分期偿还	逐年减少	逐年增加（贷方转移给借方）
住房反向抵押贷款	增加现金收入	一次性总额给付或分期给付等	到期一次还款	逐年增多	逐年减少（借方转移给贷方）

上述含义表明，反向抵押贷款借贷关系的成立至少需要满足四个条件：第一，只有符合一定年龄要求的老年人才有资格申请反向抵押贷款，年轻者并不具备申请资格，这是由此业务的开办目的决定的，即为解决老年人的养老问题；第二，老年人必须拥有符合贷款要求的住房产权，才具备完全的资格申请办理反向抵押贷款，这是由于住房是此借贷关系建立的物质基础，只有将房屋产权做抵押，老年人才能够获得贷款机构提供的养老金；第三，借款人并非将房屋出售给贷款机构，而只是将产权抵押即开始获得现金流，借款人仍然保留了房屋的使用权和所有权，贷款机构只有在借款人去世或搬离住房后，才取得住房的所有权；第四，反向抵押贷款属于一种金融保障类产品，它的功能并不是投资或是简单的房产融资，而是提前支取现金补充老年人的养老资金来源。

2. 反向抵押贷款的优点与缺点

反向抵押贷款有如下优点：（1）这项金融工具为老年人提供了一个充分利用其自有房屋的机会，他可以仍然可以无限期的住在原有房子里，获得的贷款金额作为其现有经济来源之外的额外收入可以随意使用，改善其晚年生活质量，贷款的领取方式也可以按照自身需要灵活定制。（2）只要借款人仍在原住房内居住，就无需还贷，当其去世或永久搬离抵押房屋时，才需清偿债务，如果出售房屋获得的金额高于贷款累积额，剩余部分仍归借款人或其继承人所有。（3）这项金融工具是无追索权的，即只有住房的价值可以被用来还款，如果贷款到期时，房产价值低于贷款累积额时，借款方是无需偿还不足的差额部分的。

从国外的发展经验看，反向抵押贷款也有其固有的缺陷：（1）初始费用较高，通常占到房产评估价值的 6% 左右。（2）申请程序繁琐。以美国反向抵押贷款申请程序为例，在申请贷款时，需要借款人向独立的中介机构进行强制咨询并获得证明文件，需对借款者健康状况、住房价值情况由第三方中介机构进行评估并出具报告，由于此项贷款有联邦政府提供担保，文件准备工作庞杂。（3）反向抵押贷款是不足额贷款，具体的贷款比例由借款人年龄、贷款利率、房产价值等多种因素共同决定。

3. 反向抵押贷款的国外经验

美国的住房反向抵押贷款市场发展的较早也最为成熟，涵盖了全部的三种模式，之后随着全球老龄化的到来，欧洲、日本、新加坡、澳大利亚等其他国家和纷纷把住房反向抵押贷款引入国内，并结合本国的实际，推出了各具特色的产品。

（1）美国。1981 年，美国成立了国家住房资产价值转换中心，这是一个非营利性组织专门负责向消费者进行反向抵押贷款相关知识的宣传和教育。1987 年，国会设立了住房价值转换抵押贷款示范项目，且由国家联邦住房管理局（FHA）为此项目提供风险担保。1989 年，房利美将资产证券化应用于反向抵押贷款的运作，并出资购买了所有合格的 HECM 贷款，为其构建了一个二级市场，增加了此贷款的流动性。此后，反向抵押贷款得到了迅速的发展。[①]

当前美国市场上主要有三种住房反向抵押贷款产品[②]，如表 2 - 2 所示。

表 2 - 2　　　　美国反向抵押贷款主要类型的比较

贷款特征	房产价值转换抵押贷款	房屋保留者计划	财务自由计划
贷款机构	联邦住房管理局授权的商业银行或其他金融机构	房利美	老年财务自由基金公司
性质	政府主导	半官方	私营
适合人群	住房价值较低的借款人	住房价值中等的借款人	住房价值较高的借款人
贷款额度	受 FHA "203 - b limit" 条款限制，并按地区和年度设定了上限。	不受 FHA "203 - b limit" 条款限制，并按地区设定了上限	最高 70 万美元

---

① 柴晓武，胡平. 美国反向抵押贷款发展历程及对我国的启迪 [J]. 经济与管理研究，2010（4）：55 - 63.

② 柴晓武. 反向抵押贷款制度 [M]. 浙江大学出版社，2008：78.

续表

贷款特征	房产价值转换抵押贷款	房屋保留者计划	财务自由计划
初始费用	贷款额的 2% 或 2000 美元，取低者	房屋评估价值 2%，或最高贷款数额的 2%，加 1% 贴息	房屋评估价值的 2%，最高 10000 美元
贷款利率	浮动利率，年度调整利率每年最高上浮 2%，总共不超过 5%	浮动利率，根据二级市场一月期 CD 指数调整，上限 12%	贷款成本根据房屋价值一定比例在到期日计算
支付方式	一次性总付、终身支付、定期支付、信用限额或其组合	终身支付、信用额度或其组合	一次性总付、购买年金或开放式最高信用额度
担保情况	联邦住房与城市发展部担保	无	无
二级市场	房利美购买合格贷款	房利美购买合格贷款	证券化

美国住房反向抵押贷款有如下特点：一是开办机构多样，以政府机构提供为主，也有私营机构、商业银行、保险公司等金融机构参与实施；二是对借款人要求：年龄在 62 周岁及以上老人，拥有独立产权并作为其永久住房，该房屋为非抵押状态；三是贷款额度主要由借款人的年龄、贷款利率和房产价值来决定，并按地区和年度设定了上限，且支付方式灵活；四是偿还方式灵活，在贷款期限结束后可由贷款机构将抵押的住房收回变现，偿还贷款本息，也可由借款人或其继承人偿还贷款本息，将房屋赎回；五是贷款机构可将反向抵押贷款在二级市场融资，进行风险分散。

（2）加拿大。加拿大住房反向抵押贷款主要有三种①：一种是反向年金抵押贷款，即老年人通过反向抵押贷款获得一笔资金，然后用这笔资金购买终身年金；另一种是信用额度反向抵押贷款，即在签订合同后，申请者可以获得一个最高贷款上限，在此限额内可以随时提取，支付次数及金额由借款人决定，未提取部分不计息；第三种为固定期限反向抵押贷款，即在固定期限（一般 5～10 年）内提供贷款，在贷款到期时须还清贷款本息，如果借款人无法按时还款，抵押住房将被强行收回并出售，用售房款归还贷款本息。加拿大的反向抵押贷款主要由一家私营机构 CHIP 提供，

① Shan H. Reversing the Trend. The Recent Expansion of the Reverse Mortgage Market [J]. *Real Estate Economics*, 2011, Vol. 39 (4)：743–768.

由专业顾问、理财师、会计师、中介服务商和主要六大银行完成分销。加拿大并没有出台专门的法律,所有贷款机构归国家金融机构监管局监管,推销人员必须持证上岗。加拿大的住房反向抵押贷款属于完全市场商业运作,没有政府参与。

(3)英国。英国住房反向抵押贷款出现于 20 世纪 60 年代,称为房产价值释放机制。这类产品缺乏"无追索权保证"条款,老年人在签约后得到投资债券来代替现金,贷款机构将资金进行投资,在经济繁荣时,债券持有人可获得大量收益,但后来由于英国经济衰退,债券价格暴跌,使持有此类债券的老年人不仅没能获益,反而使其债务进一步增加。1990 年英国政府立法废除了此业务,并出资进行了赔偿,但仍有个案没能圆满解决,致使多年之后,很多人对此类产品仍心存排斥。2001 年 4 月,英国政府又重新制订了一项新的房产释放计划,并安排了 8500 万英镑的预算用以支持。

当前英国住房反向抵押贷款分为两大类:一类是占市场比重较大的终身抵押贷款。此类产品适用于 55 岁及以上老年人,借款人享有抵押住房的永久使用权,在借款人死亡、搬离或者移居养老院后贷款到期,用售房所得偿还贷款本息,剩余部分归借款人或其继承人所有。另一类被称为房屋转换计划,适用于 65 岁及以上的老年人,借款人需要先将房屋产权的全部或者一部分出售给反向抵押贷款机构,一次性获得一笔现金用于养老。老年人可免费或者交少量租金继续居住在原房屋,直至去世或自愿搬离为止。综上可见,两类产品最大的区别是房屋所有权的归属不同。

英国没有专门针对反向抵押贷款的法规,但其他法规的部分内容对此类产品可起到约束作用,如《消费者信用法案》对贷款金额在 2.5 万英镑以下的贷款机构的信息披露、贷款费用、借款人权利等内容进行了规定。抵押贷款委员会制定的会员作业守则对贷款金额在 2.5 万英镑以上的贷款人必须履行的职责进行了限定①。

(4)日本。日本引入反向抵押贷款首先采用的是试点制,最早于 1981 年在东京实施,这是受政府支持的养老方案。最初有 13 家市政和福利机构提供此产品,后经政府批准有 8 家银行也加入其中。但后来由于 90

---

① 范子文. 以房养老:住房反向抵押贷款的国际经验与我国的现实选择 [M]. 北京:中国金融出版社,2006:80 - 81.

年代日本出现严重房地产泡沫，房价急剧下跌，反向抵押贷款业务也被迫停止。近几年，日本又恢复了反向抵押贷款业务。目前日本的住房反向抵押贷款归为政府参与型和民营机构参与型两大类①。

第一类，政府参与型产品根据地方政府参与程度不同，又可以分为政府直接融资方式和政府间接融资方式。政府直接融资方式，是指政府机构直接经营反向抵押贷款，由所属的行政机构直接融资给借款人。政府间接融资方式，是指政府机构不直接经营，仅设立窗口受理本地居民的申请，然后把申请书转给银行，最终由银行将款项贷给借款人，贷款风险由银行承担。

第二类，民营机构参与型。日本的许多民营机构也推出了各自的住房反向抵押贷款产品：一类是由银行、信托公司等金融机构经营的反向抵押贷款产品。主要做法是由借款人用自己的房地产作抵押，向经办机构申请贷款，在贷款额度内以年金方式领取或随时按需领取，支取部分定期结算利息，未领取部分不计利息。在借款人去世后，用售房款偿还贷款本息，剩余部分交还借款人的继承人。另一类是房地产公司经营的"城市规划再开发"和"住宅重建"项目。主要做法是老人用房产作抵押，可以从房地产公司得到资金用于重建住宅，改善其居住条件，在老人去世后，用售房款偿还本息。

2.1.2 理论基础

1. 消费与储蓄的生命周期假说

20世纪50年代，美国经济学家莫迪利亚尼（Modigliani）、布伦伯格（Brumberg）和安多（Ando）共同提出了消费与储蓄的生命周期假说，简称为生命周期假说。他们联合发表的《效用分析和消费函数：一种横截面

---

① 沙银华．日本"以房养老"模式普及难 [N]．中国保险报，2009 - 11 - 24（5）.

数据的解释》[1] 和《储蓄的生命周期假说：统一解释与检验》[2] 奠定了此学说的理论基础。

生命周期假说特别强调了当期消费同一生中预期收入总和的相互联系。此理论认为，理性的消费者会根据其整个一生的所有预期收入来安排自身的储蓄和消费，使其一生的总收入与总支出相等，以实现消费效应最大化的目的。据此，可推出如下消费函数：

$$C = a \cdot WR + c \cdot YL \tag{1.1}$$

其中 C 表示消费支出，WR 表示财产收入，YL 代表劳动收入，a 代表财产收入的边际消费倾向，c 代表劳动收入的边际消费倾向。

公式（1.1）表明，一个人的消费由已有财产、长期收入水平和与之相对应的边际消费预期决定。

生命周期理论认为：人的一生可以分为工作阶段和退休阶段两个时间段[3]，设工作时期为 WL，预期寿命为 NL，则退休时间为（$NL - WL$）。假设一个人没有遗产可以继承，也没有剩余资产留给后代，那么此人的消费完全是由其自身劳动决定，他一生的劳动收入总和为 $YL \cdot WL$。根据消费边际效用递减的规律，消费者的消费速度比较均匀的情况下，可最大化他一生的消费效用，也就是说消费不仅要考虑当前收入，而且应综合考虑一生的整体收入进行消费行为的合理规划。

一般来说，如图 2-1 所示，在生命周期的不同阶段，人的收入水平并不相同。OA 表示刚开始工作时收入较少（0 点），以后收入不断增加，达到 A 点，退休后收入会逐渐下降。当收入增加时，需要储蓄部分财富；当收入下降时，则需要消耗之前的储蓄。在整个生命周期中总的消费约束是使总收入与总支出平衡。要想达到消费效用的最大化，应尽可能匀速消费，即 $C * NL = YL * WL$。

① Modigliani F. and Brumberg, R. Utility Analysis and the Consumption Fuction; an Interpretation of Cross-section Data [C]. Post Keynesian Economics, ed. Kenneth K. Kurihara. Copyright © 1954.

② Ando, A and Modigliani, F. The "Life-cycle" Hypothesis of Saving: Agreegate Implications and Tests [J]. American Economic Review, 1963, 53 (1), 55-84.

③ 人在未成年阶段依靠父母抚养，成年后又需要养育自己的子女，二者可认为是等价的，因此这一假设成立。

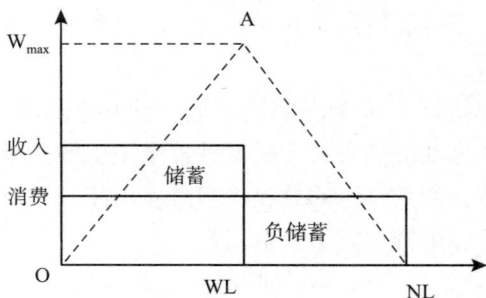

图 2 −1 生命周期理论

资料来源：Dornbusch R. and Fischer, Macroeconomics, New York：McGraw2Hill, 1993.

生命周期假说为反向抵押贷款奠定了理论基础。通常住房是一个家庭最重要的财富，它是不动产具有较高的价值。住房反向抵押贷款通过释放了住房蕴含的巨大价值，使其在整个生命周期中得到合理配置，进而丰富和发展了生命周期理论。

目前老龄化趋势不断加剧，人们对如何保证退休后的生活质量和消费水平使其不至于大幅度下降非常关注。反向抵押贷款可以将固化在住房上的价值得以提前变现，实现老年人自我养老的目的。

2. 资产优化配置理论

资源优化配置理论是关于如何优化配置和合理利用现有资源，达到整体效用最大化。从个人和家庭的角度来分析，资源优化配置指的是把合理规划个人或家庭有限的经济资源，寻求资源的最优化配置，最终达到最大化效用。著名的经济学大师格瑞斯·贝克（Garys Becker），在其《家庭论》中认为家庭可以作为一个经济组织，每个家庭均拥有一定的人力、财力和物质等资源，而且家庭规模和结构并不相同，可能处于不同的生命周期阶段，但他们的资源配置目标是一致的，即通过优化配置各项资源实现综合效用的最大化，最大限度地满足家庭的各种生活需要。

一般而言，家庭最主要的支出是用于购房、子女教育和养老的花费，他们不仅需要的金额数量巨大而且持续时间长。每个家庭都面临着如何筹集这些资金，以及如何合理配置使其发挥更高效用的重大现实问题。这会对整个家庭生命周期，包括建立家庭、家庭运转、生儿育女、子女长大后独立生活、一直到最终家庭消亡，每个阶段都产生重大的影响，因此很有必要进行深入研究找到合理并且有效的解决途径。

反向抵押贷款是将家庭资源进行优化配置的一种具体方式，采用价值流转变换的方法和时间差异，将养老的资金来源与其所有的住房价值联系起来，更为合理的配置家庭资源，达到综合效用增加的目的。反向抵押贷款是一种"退休前人养房，退休后房养人"的形式：一个家庭可以在青年阶段通过住房抵押贷款分期付款方式购买住房，一般退休前可以还完贷款；退休之后，再通过反向抵押贷款，在不失去住房居住权的前提下将住房价值变现，获得额外的养老资源。这样作为家庭的最大财富住房便实现了在不动资产与流动资产之间的转变，使经济资源在整个家庭生命周期中的配置优化。

3. 财富代际转移理论

财富的代际转移理论，也称财富代际传递理论或收入代际转移理论，是关于家庭内部父母与子女代际之间的财富传递流动以及由此产生的影响的分析理论。如社会和家庭的财富如何在不同的代际间流动，以及该流动方式又会怎样影响社会和家庭资源的配置以及社会人际关系等方面。财富代际传递理论的核心是研究遗产传递继承的动机。具体来说，遗产传递动机理论可以进行如下分类（李兵等，2005）[①]：

（1）利他性遗产动机。父母将自己的部分收入和财富留给下一代的经济行为，主要反映了长辈对子女或孙子女福利的关心和无私奉献。代际之间的利他遗产动机主要取决于两方面：一方面是遗产将取决于两代人的相对经济状况，如果代际之间的经济状况大体相当，遗产是少量的，相对富裕的父母将会留下丰厚的遗产。另一方面的意义是父母一般会把最大的遗产留给最不富裕的孩子。

（2）策略性遗产动机。伯恩海姆（1991）[②] 认为父母留给后代遗产或给予子女经济资助，主要是为了以此影响子女的行为。比如，父母可能会

---

① 李兵，姚远，杜鹏，张恺悌. 遗产动机经济学：理论、经验分析及政策意义 [J]. 市场与人口分析，2005（1）.

② Bernheim，B. D. How Strong are Bequest Motives? Evidence Based on Estimates of the Demand for Life Insurance and Annuities. Journal of Political Economy，1991，55（5）：899 – 927.

以未来留下遗产，诱导子女为其养老，尤其当父母威胁会剥夺子女的异常继承权，或用遗产奖赏最为孝顺的子女时，效果最为明显。此观点存在一定的片面性。

（3）偶然性遗传动机。这是指消费者原本并没有预留遗产的打算，但由于未来寿命不确定，从而有必要预留部分资产防备不时之需。在去世之前，有可能会存在一部分资产没有消耗，因此留下遗产。这种遗产传递动机相对于上述其他动机来讲是不确定的。

在我国，家庭财富转移模式是从父母辈向子女辈传递，"养儿防老，遗产继承"的传统观念根深蒂固。一般而言，在遗产中价值最高的通常是住房。反向抵押贷款的以房养老模式，是老年人将自有住房的价值提前变现消费，子女可继承的遗产必将大幅减少。这种两代人独立自主、自我养老的理念，直接挑战上述传统观念，对财富传递和两代人之间的代际关系均会产生的革命性的影响。至于这种影响能否产生积极的作用，还需要看它是不是符合社会发展的潮流，是否有利于提高老人晚年生活的质量，是否有利于子女的成长，是否符合市场经济运行法则的基本要求。

总而言之，反向抵押贷款是解决目前养老资源不足的有效途径，符合时代发展的要求，它倡导的是改变一直以来两代人之间相互依赖的关系，鼓励他们独立自主和自强自立，这对财富传递以及代际关系的演变也会起到推动作用。

2.1.3　国外文献综述

韩再（2009）[①] 较为系统地梳理了反向抵押贷款的国内外文献，在此基础上，进一步补充最近几年的研究新进展，总结国内外反向抵押贷款研究如下：

1. 反向抵押贷款的可行性研究

国外学者采用了定性与定量的方法，从供给和需求等方面对反向抵押

---

① 韩再. 住房反向抵押贷款研究综述 [J]. 城市发展研究，2009，(16)：125 – 132.

贷款开展的可行性进行了研究。赵和马（Cho & Ma，2004，2006）[1] 针对韩国的房地产市场和相关指数进行了研究，认为反向抵押贷款在韩国的潜在需求规模巨大，并结合租金升值率指标进行了敏感性分析，得出反向抵押贷款在韩国可行的研究结论。里德和吉勒尔（Reed & Gibler，2003）[2] 以定量的方法讨论了澳大利亚的反向抵押贷款市场潜力巨大，认为可以借鉴美国的发展经验开拓反向抵押贷款市场。米切尔和皮戈特（Mitchell & Piggott，2004）[3] 提出了反向抵押贷款保险精算定价模型，研究认为在政府财政资源紧缺的形势下，发展反向抵押贷款是提高老年人口消费水平的有效途径，研究中也深入分析了反向抵押贷款的运行环境和发展条件，并提出了政策建议。贾和崔（Chia & Tsui，2005）[4] 采用蒙特卡洛数值模拟方法，利用养老收入替代率指标，对新加坡发展反向抵押贷款的可行性进行了研究，结论是若以国际通行的养老收入所得替代率的70%为标准进行判断，此模式对新加坡的老年人群没有足够的吸引力。

2. 反向抵押贷款的社会效用分析

首先，老年人通过参加反向抵押贷款获得的收入，可提高其晚年生活水平。最先对反向抵押贷款的潜在市场需求进行研究的是樊迪（Venti）和怀斯（Wise），他们利用 SIPP（Survey of Income and Program Participation）的数据，深入分析了老年人的资产结构，研究发现大部分老年人的主要生活来源是养老金，住房是他们唯一可以用以增加消费的资产，如果参与年金式住房反向抵押贷款，估计可以使老年人的现有收入增加

① Deokho，C. and Ma，S. Economic Feasibility of Reverse Mortgage Annuity for the Elderly Housing Welfare [J]. Housing Studies Review，2004（12）：175 – 199.

② Reed，R. and Gibler，K. M. The Case for Reverse Mortgage in Australia—Applying the USA Experience. In 9th Annual Pacific Rim Real Estate Society Conference，2003.

③ Mitchell，O. S. and Piggott，J. Unlocking Housing Equity in Japan [J] Journal of Japanese and International Economics，2004：34 – 78.

④ Chia，N. C. and Tsui，A. K. Reverse Mortgages as Retirement Financing Instrument：An Option for "Asset – rich and Cash – poor" Singaporeans [J]. Department of Economics National University of Singapore，2005（1）：1 – 42.

10%。① 吉伯斯（Gibbs，1992）② 研究认为老年人通过参与反向抵押贷款，释放固化在住房上的资产价值，可以获得更多的长期护理费用。梅丽尔（Merrill）等（1994）③ 的研究发现低收入家庭可以通过参与反向抵押贷款提高 20% ~ 25% 的月收入；拉斯马森（Rasmussen，1995）④ 使用樊迪和怀斯（Venti & Wise，1990）的研究方法，得出通过年金式反向抵押贷款，年收入少于 30000 的 69 岁以上老年人可以提高 25% 以上的收入水平，单身女性的贫穷率可以从 19.5% 下降至 5.5%。随后，梅丽尔等（Merrill et al.，2003）⑤ 通过研究，认为美国的贫困老年人通过参与 HECM 可以增加 29% 的贫困线收入水平。单慧（Shan，2011）⑥ 研究指出近两年美国反向抵押贷款市场快速扩张，随着老龄化的加剧此产品需求成继续增长趋势。

另外，金融机构开办反向抵押贷款可以增加业务收入。斯曼诺斯奇（Szymanoski，1994）⑦，大卫杜夫和威尔克（Davidoff & Welke，2005）⑧ 通过数值模拟得出的研究结论是：金融机构开办反向抵押贷款，虽然可能面临很多不确定性风险，但是跟其他形式贷款的平均利润水平相比较，反向抵押贷款的利润率更高。已有数据显示由于借款人实际寿命比预期短，贷款机构实际收回房产的时间比预期早，因此贷款机构通过出售收回房产所获得的收入几乎均超过其前期支付贷款的本息累积值。

① Venti, S. F. and Wise, D. A. Aging and the Income Value of Housing Wealth [J] Working Paper NO. 3547. National Bureau of Economic Research, 1990.

② Gibbs, A. Substantial but Limited Asset: the Role of Housing Wealth in Paying for Residential Care in J Morton [C]. Financing elderly people in Independent Sector Homes: The future, London. Age concern Institute of Gerontology, 1992.

③ Merrill, S. R., Finkel, M. and Kutty, N. K. Potential Beneficiaries from Reverse Mortgage Products for Elderly Homeowners [J]. Real Estate Economics (Summer), 1994 (1): 22 – 25.

④ Ramussen, D. W., Megbolugbe, I. F. and Morgan, B. A. The Reverse Mortgage as an Asset Management Tool [J]. Housing policy debate, 1995 (8): 173 – 194.

⑤ Merrill, S. R., Finkel, M. and Kutty, N. K. Potential Beneficiaries from Reverse Mortgage Products for Elderly Homeowners: An Analysis of American Housing Survey Date [J]. Journal of the American Real Estate and Urban Economics Association, 2003 (2): 257 – 299.

⑥ Shan, H. Reversing the Trend: The Recent Expansion of the Reverse Mortgage Market [J], Real Estate Economics, 2011, 39 (4): 743 – 768.

⑦ Szymanoski, E. J. Jr. Risk and the Home Equity Conversion Mortgage [J]. Journal of the American Real Estate and Urban Economics Association, 1994 (2): 347 – 366.

⑧ Davidoff, T. and Welke, G. Selection and Moral Hazard in the Reverse Mortgage Market [J]. SSRN Working Paper, August 26, 2005.

由此看来，反向抵押贷款的发展会促进社会的整体效用提高，因而具有极强的现实意义。

2.1.4 国内研究综述

大部分的国内研究者认为，中国已经具备发展反向抵押贷款的各方面条件。从反向抵押贷款的市场需求来看，李时华（2007）[①]、王琨（2005）[②]、柴效武（2008）[③]、王晓楠（2009）[④] 等指出伴随老年人口规模的不断增大，以及我国居民住房自有比率的不断上升，反向抵押贷款潜在的市场需求规模很大。从供给的角度分析，刘嘉伟、项银涛（2005）[⑤] 对商业银行推行反向抵押贷款的可行性进行了研究，提出发展反向抵押贷款可以成为其增加业务收入的一条切实可行的手段，孟晓苏等（2009）[⑥] 认为从技术上说，目前我国最适合开办反向抵押贷款业务的金融机构是寿险公司，虽然开展此项业务具有一定风险，但风险可控、收益对等，寿险公司完全能够有效控制这些不利因素。另外，中国已经具备发展反向抵押贷款的基本环境，王琨（2005）指出可以将反向抵押贷款定看做是一种"住宅期货"，此业务的发展须具有三个条件：第一，要有发展成熟的金融机构作为此期货的购买方；第二，有遵守市场运行规则的房地产经营机构作为抵押房产的最终消化方；第三，有大量拥有住房的老人作为业务发展的重要基础。柴效武（2008）[⑦]认为我国已具备推行反向抵押贷款的条件，此模式具有可行性很强，应尽快发展应对我国老龄化危机。

另外，我国发展反向抵押贷款也存在一定的阻碍和困难。孟晓苏

---

① 李时华. 住房反向抵押贷款：扩大老年消费需求的新途径 [J]. 消费经济，2007，（1）：35－37.

② 王琨. 开展抵押贷款的市场均衡分析 [J]. 经济论坛，2005，（12）：76－77.

③⑦ 柴效武、孟晓苏. 反向抵押贷款制度 [C]. 杭州：浙江大学出版社，2008：70－102；208－210.

④ 王晓楠. 济南市实行以房养老的可行性研究 [D]. 山东大学硕士学位论文. 2009.

⑤ 刘嘉伟、项银涛，老龄化社会与商业银行住房反向抵押贷款 [J] 中国金融，2005，（12）.

⑥ 孟晓苏、柴晓武. 反向抵押贷款 [M]. 北京：人民出版社，2009.

（2006）①、朱劲松（2007）②、张仕廉、刘亚丽（2007）③ 等认为我国开展反向抵押贷款的主要障碍包括：土地制度政策、中介机构经营不规范、缺乏权威房地产市场数据、二手房市场的发展滞后、传统养老观念根深蒂固等。推行反向抵押贷款是对现有的资源重新在个人、家庭、经营机构以及政府之间进行的调配和优化，必将引起各主体间利益的重新调整（欧阳渊，2008）④。游欣霓（2008）⑤ 借鉴了特斯（Tse，1995）⑥ 盈亏平衡年金的计算方法，得出了年金额度，并对养老收入替代率指标进行了敏感性检验，研究认为在目前的经济情势下，反向抵押贷款对台湾老年人不具有吸引力。

2.2　住房反向抵押贷款风险研究

2.2.1　风险管理理论

风险管理是指人们认识、衡量和处理风险的主动行为。人们可以通过研究风险发生和变化的规律，测算风险对其经济社会生活可能造成的损失程度，选取合理有效的方法进行风险处理，从而达到使用最少的成本，获得最大程度的安全保障。⑦

风险识别是管理风险的第一步，具体是指对企业面临的和潜在的风险进行判断、归类和鉴定风险性质的过程。企业面临的风险多种多样，无论

---

① 孟晓苏. 反向抵押贷款：完善养老保障制度的良方 [J]. 银行保险，2006（11）：16 - 17.

② 朱劲松. 住房反向抵押贷款中三大不确定因素的探讨 [J]. 中国房地产金融，2007（8）.

③ 张仕廉，刘亚丽. 我国试行住房反向抵押贷款的障碍与对策 [J]. 经济纵横，2007（2）：41 - 42.

④ 欧阳渊. 以房养老在我国"试水"艰难的原因分析 [J] 中国高新技术企业，2008.

⑤ 游欣霓. 以房养老制度在台湾实施的可行性研究 [D]. 东吴大学硕士论文，2008.

⑥ Tse, Y. K. Modeling Reverse Mortgage [J]. Asia Pacific Journal of Management，1995（12）：79 -95.

⑦ Trieschmann, J. S. and Gustavson, S. G. Risk Management and Insurance [M]. Ohio：International Thomson Publishing，1995.

是静态的，还是动态的，是潜在的，还是实际存在的，是企业内部的还是外部的，这些风险在一定时期和特定条件下是否客观存在，存在的条件是什么，以及损失发生的可能性等，都是风险识别阶段应予以解答的问题。识别风险主要包括感知风险和分析风险两方面内容。

风险度量是风险管理的关键步骤，是指在风险识别的基础上，通过数学方法估计和预测风险发生的概率和损失程度。风险评价不仅使风险管理建立在科学的基础上，而且使风险分析定量化，为风险管理者进行决策，提供可靠的科学依据。常见的风险评价方法有调查和专家打分法、模糊数学法、层次分析法、敏感性分析法、蒙特卡洛模拟法、影响图法等。风险评价的最终目标是选择最佳风险管理技术并实施，达到降低损失的目的。

反向抵押贷款的运营周期一般长达十几年甚至几十年，持续时间长、变数大、不确定性高，这期间社会政治、经济金融和保障制度等关联因素，都有可能发生较大变化。这项业务涉及面广，在开办过程中可能遭遇的风险就更大更多，也更需要对各类风险进行深入的分析，科学评价，寻求有效的措施来避免和防范风险。

2.2.2　国外文献综述

反向抵押贷款是一种特殊的金融产品，在业务推广和运作过程中面临诸多风险。借款人的年龄、性别、健康程度和家庭状况等因素直接对反向抵押贷款合同的持续时间产生影响，导致贷款机构获得收益或发损失具有不确定性。作为抵押物的住房，其价值高低受到诸多因素影响，大到国家土地和经济政策，小到房产折旧和日常维护，这些都使贷款机构未来收回成本获得收益的不确定性增加。由此看来，开展反向抵押贷款业务最为关键的内容是对可能面临的各种风险进行管理。国外研究者从风险识别及衡量、风险控制与防范两个方面对反向抵押贷款的风险进行研究。

1. 风险识别与风险衡量

斯曼诺斯奇（Szymanoski，1994）[①]，赤罗伊和米格布鲁格（Chinloy &

① Szymanoski, E J. Jr., Risk and the Home Equity Conversion Mortgage [J]. Journal of the American Real Estate and Urban Economics Association, 1994 (2)：347 – 366.

Megbolugbe，1994）① 将贷款机构面临的风险统称交叉风险，其主要影响因素包括：利率风险、住房价值波动风险和长寿风险。米切尔和皮戈特（Mitehll & Piggott，2004）② 分别从贷款机构和借款人两个方面对反向抵押贷款的风险进行界定：对贷款机构而言，采用菲利普斯和格文（Phillips & Gwin，1993）③ 的分类方法可以将风险分为五类，具体包括利率风险、聚合房价风险、个体房价风险、长寿风险和费用风险；对借款人而言，主要风险包括长寿风险、房价波动风险、利率风险、开办机构可能破产的风险和税收风险。席勒和威斯（Shiller & Weiss，2000）④ 研究指出反向抵押贷款中存在逆向选择与道德风险。克莱恩和瑟曼斯（Klein & Sirmans，1994）⑤ 指出贷款机构可能会面临借款人提前偿还贷款赎回房屋产权从而提前结束合同的违约风险，并采用 Probit 模型分析了借款人违约风险的影响因素包括，年龄、贷款期限长度、贷前收入和签约时住房价值，实证结果显示违约风险对贷款机构的影响不大，反向抵押贷款对借款人和贷款机构均可以提高其资源配置的效用，虽然贷款机构面临着违约风险，但贷款到期时贷款累积值超过住房变现收入的可能性很小。罗达等（Rodda et al.，2004）⑥ 研究认为未来房价和利率波动是导致借款人提前还款的主要因素，并以此为假设采用随机模拟的方法对提前还款的违约风险进行了度量，也得出了与克莱恩和瑟曼斯（Klein & Sirmans）同样的结论，并构建了一个新的终止率测算模型。王亮等（2007）⑦ 研究认为相对于其他类型

① Chinloy, P. and Megbolugbe I. F. Reverse Mortgages: Contractions and Crossover Risk [J]. Journal of the American RealEstate and Urban Economics Association, 1994 (2): 367–386.

② Mithell, O. S., Piggott, J. Unlocking Housing Equity in Japan [J]. Journal of the Japanese and International Economies, 2004, 18 (4).

③ Phillips, W., Gwin S. 'Reverse Mortgages', Transactions, Society of Actuaries, Vol XLIV, 1993: 289–323.

④ Shiller, R. J. and Weiss, A. N. Moral Hazard in Home Equity Conversion [J]. Real Estate Economics, 2000 (1): 1–31.

⑤ Klein, L. S, Sirmans C. F. Reverse Mortgage and Prepayment Risk [J]. Journal of the American Real Estate and Urban Economics Association, 1994 (2): 409–431.

⑥ Rodda, D. T., Lam, K. and Andrew Y. Stochastic Modeling of Federal Housing Administration Home Equity Conversion Mortgages with Low–Cost Refinancing [J]. Real Estate Economics, 2004, 32 (4): 59–617.

⑦ Wang, L., Valdez, E. A. and Piggott, J. Securitization of Longevity Risk in Reverse Mortgage [J]. FHA Report 2007 (12).

的贷款业务，反向抵押贷款的风险太高，致使一般私营机构没有动力开展此业务，因此美国90%以上的反向抵押贷款产品是由政府特别授权的金融机构进行运作。单慧（Shan，2011）[1] 利用近年美国反向抵押贷款市场数据进行了实证分析，指出随着市场发展产品特点已发生了显著变化，采用信用额度支付方式的男性借款人和高房产价值的借款人，提早搬离房屋结束贷款的可能性较其他类型借款人高。中岛等（Nakajima & Telyukova，2011）[2] 通过一系列反常规实验，认为遗产动机、搬家的影响、房价波动和保险成本是阻碍反向抵押贷款的主要风险因素。

2. 风险控制与风险防范

国外学者主要从长寿风险、利率风险、道德风险和交叉风险四方面分别提出风险控制与防范的方法。

首先是未来寿命风险的管控。斯曼诺斯奇（Szymanoski，1994）认为长寿风险可以通过扩大业务规模的方式进行风险分散。而赤罗伊和米格布鲁格（Chinloy & Megbolugbe，1994）[3] 研究认为在所有风险中长寿风险是唯一一项会对其他所有风险均产生影响的风险，因此它对交叉风险影响最大，在风险管理中应予以特别关注。布雷克和布鲁斯（Blake & Burrows，2001）[4]，布雷克（Blake，2003）[5]，林和考克斯（Lin & Cox，2005）[6]，

---

① Shan, H. Reversing the Trend: The Recent Expansion of the Reverse Mortgage Market [J]. Real Estate Economics, 2011, 39 (4): 743–768.

② Nakajim, M. and Telyukova, I. A., Reverse Mortgage Loans: A Quantitative Analysis [J]. SSRN Working Paper, August 4, 2011.

③ Chinloy, P. and Megbolugbe, I. F. Reverse Mortgages: Contractions and Crossover Risk [J]. Journal of the American Real Estate and Urban Economics Association, 1994 (2): 367–386.

④ Blake, D. and Burrows, W. Survivor Bonds: Helping to Hedge Mortality Risk [J]. Journal of Risk and Insurance, 2001 (68): 339–348.

⑤ Blake, D. Reply to Survivor Bonds: a Comment on Blake and Burrows [J]. Journal of Risk and Insurance, 2003 (70): 349–351.

⑥ Lin and Cox. Securitization of Mortality Risks in Life Annuities [J]. The Journal of Risk and Insurance, 2005 (2): 227–252.

多德等（Dowd et al.，2006）[1]，凯尔斯（Cairns et al.，2008[2]，2011a[3]，2011b[4]）建议使用生存者债券和生存者掉期来管理反向抵押贷款的长寿风险。克莱顿（Creighton et al.，2005）[5]，王（Wang et al.，2007）[6] 研究认为资产证券化是一种管理长寿风险的有效方式，敏感性分析显示贷款机构通过资产证券化可以用较低的费用得到相对较长时间的资金安全保障，即使借款人的未来寿命比预期延长 50%，贷款机构的损失只会是预期收益的 3.7%，因此，资产证券化对反向抵押贷款的发展将起到积极的促进作用。

第二是利率风险的控制与防范。沙曼诺斯基（Szymanoski，1994），勃姆和伊尔哈特（Boehm & Ehrhardt，1994）[7]，美国住房和城市发展部（HUD，2000）[8] 通过计算久期来度量反向抵押贷款的利率风险，研究认为与期限相同的付息债券和一般传统抵押贷款相比，反向抵押贷款的利率风险要大得多，在很多情况下是上述投资方式利率风险的数倍，而且利率风险属于系统性风险无法进行风险分散。目前美国的反向抵押贷款产品普遍使用定期调整或保持与终生的国库券利率同步的浮动利率计息方式进行利率风险的规避。

第三是道德风险的控制与防范。米塞利和瑟曼斯（Miceli & Sirmans，

① Dowd, K., Blake, D., Cairns, A. J. G., and Dawson, P. Survivor Swaps [J]. The Journal of Risk and Insurance, 2006 (1): 1 – 17.

② Cairns, A. J. D., Blake, D. and Dowd, K. Modelling and Management of Mortality Rsk: a Review [J]. Scandinavian Acturarial Journal 2008 (2 – 3): 79 – 113.

③ Cairns, A. J. G. Modelling and Management of Longevity Risk: Approximations to Survival Functions and Dynamic Hedging. Insurance: Mathematics and Economics, 2011 (49): 438 – 453.

④ Cairns, A. J. G. Robust Hedging of Longevity Risk [J]. Seventh International Longevity Risk and Capital Markets Solutions Conference, Frankfurt, September 2011.

⑤ Creighton, A. H., Jin, H. B. and Piggott, J Emiliano A. Valdez. Longevity Insurance: A Missing Market [J]. The Singapore Economic Review, 2005 (50): 417 – 435.

⑥ Phillips, W., Gwin S. 'Reverse Mortgages', Transactions, Society of Actuaries, Vol XLIV, 1993: 289 – 323.

⑦ Boehm, T. B. and Ehrhardt, M. C. Reverse Mortgage and Interest Rate Risk [J]. Journal of the American Real Estate and Urban Economics Association, 1994 (2): 387 – 408.

⑧ U. S. Department of Housing and Urban Development (HUD). No Place Like Home: A Report to Congress on FHA's Home Equity Conversion Mortgage Program. Washington, D. C: U. S. Department of Housing and Urban Development, Office of Policy Development and Research, 2000.

1994）①，席勒和威斯（Shiller & Weiss，2000）② 认为在借款人参与反向抵押贷款之后，缺乏维护房屋的积极性，从而导致房屋价值损耗上升，贷款机构面临住房维护道德风险。化解道德风险的途径有下列几种，如把住房未来的结算价格与某个房产价格指数联系起来，因为借款人无法像控制自己住房价值一样影响房价指数；还可以与借款人签订限制性条款或者预售住房维护费用的方法降低借款人的道德风险。梅扎和韦布（Meza & Webb，2001）③，芬克尔斯坦和麦加利（Finkelstein & McGarry，2003）④，科恩和伊纳芙（Cohen & Einav，2004）⑤，大卫杜夫和威尔克（Davidoff & Welke，2005）等学者研究结果显示逆向选择和道德风险对反向抵押贷款机构收益的影响程度非常有限。

第四是交叉风险的控制与管理。韦恩罗布（Weinrobe，1987）⑥ 设定了不同的参数背景，用数值模拟的方法对保险计划对反向抵押贷款的保障程度进行了测算和敏感性分析，并进一步提出了不同保险计划的定价模型和运作程序，得出贷款机构可以通过保险对交叉风险进行有效分散的研究结论。拉斯马森等（Rasmussen et al.，1997）⑦ 研究指出可以通过降低贷款额度的方法规避交叉风险，尽管合同具体的期限长度不确定，但贷款额度较低可以保证合同结束时住房价值足够清偿贷款本息累积值，但低水平的贷款额度并将影响借款人参与贷款的积极性，因而容易导致市场有效需

① Miceli，T. J. and Sirmmans，C. F. Reverse Mortgages and Borrower Maintenance Risk [J]. Journal of the American Real Estat and Urban Economics Association，1994（2）：433 – 450.

② Shiller，R. J. and Weiss，A. N. Moral Hazard in Home Equity Conversion [J]. Real Estate Economics，2000（1）：1 – 31.

③ Meza，D. and Webb，D. C. Advantageous Selection in Insurance Markets [J]. The RAND Journal of Economics，2001（32）：249 – 262.

④ Finkelstein，A.，McGarry，K. and Sufi，A. Dynamic In efficiencies in Insurance Markets：Evidence from Long – Term Care Insurance [J]. Journal of Risk and Insurance，2003（35）：244 – 286.

⑤ Cohen，A. and Einav，L. Estimating Risk Preferences from Deductible Choice [J]. Manuscript，Stanford University，2004.

⑥ Weinrobe，M. An Insurance Plan to Guarantee Reverse Mortgage [J]. Journal of Risk and Insurance，1987（2）：644 – 659.

⑦ Ramussen，D. W.，Megbolugbe，I. F. and Morgan，B. A. The Reverse Mortgage as an Asset Management Tool [J]. Housing Policy Debate，1995（8）：173 – 194.

求不足。斯曼诺斯基（Szymanoski，2007）[①] 认为国家应大力发展反向抵押贷款二级市场，通过资产证券化分散贷款机构承担的风险，从而达到扩大反向抵押贷款业务规模的目的。

2.2.3　国内文献综述

国内学者主要从风险识别与衡量，风险的控制与防范两个方面对反向抵押贷款的风险进行研究。

在风险的识别和衡量方面，范子文（2006）[②]、柴效武（2008）认为贷款机构主要面临利率波动风险、未来寿命风险、房价波动风险、逆选择和道德风险及流动性风险；认为借款人面临的主要风险包括信息不对称、分期付款风险、贷款机构未来破产的风险、税收风险以及社会福利风险。柴效武、岑惠（2004）[③] 对传统的住房抵押贷款和反向抵押贷款两种融资方式从十二个方面进行了比较分析，得出了反向抵押贷款风险较传统住房抵押贷款的风险更大的研究结论；肖隽子（2006）[④] 运用模糊熵理论对反向抵押贷款的长寿风险、利率波动风险、房价波动风险进行了衡量，研究认为风险程度在商业银行可接受范围内，可以开展此业务。

在风险控制和防范方面，柴效武（2008）认为我国有必要开展住房财产保险、反向抵押贷款保证保险，以及抵押贷款寿险三种保险来帮助贷款机构和借款人防范风险。柴效武（2008）和范子文（2011）[⑤] 认为反向抵押贷款的长寿风险应通过保险与政府提供担保的方式进行风险分散；采用浮动利率的计息方式规避利率波动风险；住房价值风险可以通过购买住房保险、贷款期内多次评估住房价值评估等方法进行风险防范。柴效武、张

---

① Szymanoski, E. J., Enriquez, J. C. and Diventi, T. R. Home Equity Conversion Mortgage Terminations: Information to Enhance the Developing Secondary Market [J]. Journal or Policy Development and Research, 2007 (9): 5 - 45.

② 范子文. 以房养老——住房反向抵押贷款的国际经验与我国的现实选择 [M]. 北京：中国金融出版社，2006：55 - 73.

③ 柴效武，岑惠. 住房抵押贷款与反抵押贷款的异同评析 [J]. 海南金融，2004，(7)：45 - 47.

④ 肖隽子. 住房反向抵押贷款风险研究 [J]. 华中科技大学硕士学位论文，2006.

⑤ 范子文. 中国住房反向抵押贷款研究 [M] 北京：中国农业出版社，2011.

海敏、朱杰（2007）[①] 认为贷款机构如果要规避由于信息不对称而引发的借款人逆向选择风险，必须从加强对反向抵押贷款产品条款的设计入手，提高借款人掩饰成本，改变借贷双方博弈顺序。詹绚伟、曾光（2005）[②]、范子文（2011）基于资产证券化的角度，分析了住房抵押贷款与反向抵押贷款两种模式证券化的适用性，认为反向抵押贷款可以像传统住房抵押贷款一样，通过资产证券化的方法降低贷款机构的流动性风险。

2.3　住房反向抵押贷款定价研究

2.3.1　理论基础

1. 资产定价理论

按照一般的理解，资产定价的原理是找出影响资产价格各相关因素，并确定每个因素在其中所占的权重，然后构建一个包含了所有这些因素的价值函数，然后计算确定此资产的实际价值（周洛华，2004）[③]。构建的模型越精细，包含要素越多，对应每个要素的刻画越精细，定价的结果就越准确。

根据资产定价的基础理论，资产价值可以通过将其未来的现金流贴现到期初，计算的净现值即为资产价格。具体包括三个要素：一是未来的时限有多长；二是每期的现金净流入的大小；三是贴现率怎么确定和调整。反向抵押贷款的各种定价方法实质是对贷款各期现金流入的贴现求和，可用如下公式表示：

$$L = \sum_{t=0}^{T} NPV(CF_t) \tag{2.1}$$

---

① 柴效武，张海敏，朱杰. 房产养老寿险业务中老年人健康状况评价的不完全信息博弈 [J]. 浙江大学学报，2007，37（6），89–97.

② 詹绚伟，曾光. 两种不同住房抵押贷款模式证券化的适用性分析. 技术经济与管理研究，2005（2），64–65.

③ 周洛华. 资产定价学 [M] 上海：上海财经大学出版社，2004.

其中，L 表示反向抵押贷款的理论价格，NPV 表示净现值是现金流的贴现函数，CF_t 表示时刻 t 时的净现金流入。

将上式引入反向抵押贷款的定价模型是可行的，但亦有其自身的实际情况，如，贷款到期的时间是老年人将住房抵押给贷款机构后，自己未来剩余寿命的长度，这是一个不确定值；每期的现金流入是确定的，老人临终时，抵押房产的价值将会达到多少，漫长的贷款时间内房价涨跌波动，因此难以判断；而且由于市场利率不断波动，贴现率的确定也需经常调整。这说明贷款机构持有的此类资产是有风险的，在定价时须将各种风险要素包括其中，并合理衡量加以体现。

资产定价理论为反向抵押贷款定价提供了理论依据和方法。我们可以通过找出影响这一产品价格的各因素，如房产当期价格、房产价值变动率、贷款期限（借款人余命）、贷款利率、折旧率和费用率等，确定他们之间的相互影响和影响程度，构建包含这些因素的定价函数式。进而对定价模型进行模拟测算和实证分析，使其趋于合理，达到真实反映市场价值的目的。

2. 精算定价原理

精算定价是以大数定理为基础的，在随机试验中，随着样本数量的不断增加，实际的观察结果与客观存在之间的差异会越来越小，估计也会越来越准确。大数定理可用如下公式表示：

$$\left(\frac{x}{n}-p\right)\rightarrow0,\ \text{当}\ n\rightarrow\infty\ \text{时} \qquad (2.2)$$

其中，x 表示实际观察数量，n 表示样本总数量，p 表示客观存在结果。

大数定理为反向抵押贷款定价提供了重要依据。在众多影响因素中，未来寿命是其中最主要的影响因素。个体借款人的未来余命很难预测，根据保险精算的大数定理，只要不断扩大反响抵押贷款的业务规模，参与成员越多，其预期未来寿命越接近与平均值，从而可以降低因为预期寿命的预测误差带来的风险。

反向抵押贷款可以看成是一种特殊的寿险业务，借款人是把远期的住房所有权作为购买养老保险的趸缴保费，由贷款机构为其提供养老保障的业务形式，因此可用保险精算的方法进行定价。在后续的定价模型和实证测算中，此理论得到充分的应用。

3. 期权定价理论

期权是一种远期合约，它赋予期权所有人在未来的某个时刻或某一时刻之前的任何时间，以某一固定价格买卖某一种资产的权利。执行价格与到期日标的资产的市场价格之间的差额是期权所有人的收益。但要获得该项期权，需要付出相应的成本及期权费。期权所有者可以按照约定价格和约定时间购买或出售某种资产，但却没有必须履行约定的义务。期权理论认为，不确定性会带来选择机会，期权价值与不确定性成正向关系，不确定性越大，选择权价格也应越高。

在有赎回权的反向抵押贷款中，隐含着潜在期权。借款人可以根据房产价格的市场变化和资本市场利率的变化来决定是否提前偿还贷款，赎回房屋产权。如果执行赎回权可获得额外收益时，借款人会选择行权，反之则不行权。

期权定价理论是布莱克和斯科尔斯（Black & Scholes，1973）[1] 针对股票期权提出的定价理论模型。根据此方法，可根据五个观察变量，包括期权的执行价格、资产（股票）的当期价格、期权的剩余有效期、资产（股票）收益的风险程度和无风险利率的基础上计算买入和卖出期权的价格。怎样将期权定价理论应用到反向抵押贷款的定价中本书将在后续章节具体展开讨论。

2.3.2　国外文献

国外学者对反向抵押贷款定价方法研究的主要有以下成果：

1. 支付因子模型

支付因子模型由赤罗伊和米格布鲁伊（Chinloy & Megbolugbe，1994）最先提出，后来的反向抵押贷款定价模型都是在此模型的基础上推演得出的。此模型在考虑利率、房产价值波动率、寿命死亡率波动系数、通货膨

---

① Black, F. and Seholes, M. The Pricing of Options and Corporate Liabilities [J]. Journal of Political Economy, 1973, 81 (5-6): 637-659.

胀率等因素下，计算得出具体的贷款支付因子，再用支付因子乘上住房价值最后得出借款人可获得的贷款额度。美国的房产价值转换抵押贷款（HECM）采用的就是此定价模型，但是 HECM 定价模型的支付系数计算是只考虑房价波动率、预期未来寿命和调整精算系数，并未考虑利率波动情况和通货膨胀率。由于支付因子模型计算过程中，需要依赖历史数据来确定支付因子，所以此模型不适合没有经验的国家采用。

2. 保险精算定价模型

特斯（Tse，1995）[①] 根据贷款机构未来收回住房价值的贴现值与支持贷款金额的贴现值相等的原则，构建了贷款机构损益平衡定价模型（MBA，Mean Breakeven Annuity），模型的主要参数假设如下，令未来利率等于历史平均利率、未来房价增值率与历史平均房价增值率相等、通过生命表计算得出借款人平均剩余寿命、贷款到期后四个月贷款机构可以将收回房屋出售变现。米歇尔和皮戈特（Mitchell & Piggott，2004）基于贷款机构支出贷款的现值与未来住房出售金额的现值相等的原则，设计了反向抵押贷款精算模型，在给定利率、房产增值率、各年龄人生存率的基础上，计算单个借款人可兑领的贷款总额和以年金方式领取每期的金额数。鉴于此模型计算参数并不受到历史数据的限制，因此尚未开展此业务国家的学者通常采用此方法进行反向抵押贷款可行性研究。贝尔等（Baer et al.，2006）[②] 在不考虑贷款机构利润的情况下，主要考虑了预期寿命、利率波动和房价波动三个关键因素建立了精算定价模型，并进行了蒙特卡洛模拟，实现了最终定价。定价计算中预期死亡率从经验生命表取值，采用 Cox－Ingersoll－Ross 离散短期利率波动模型来模拟未来利率波动走势，假设住房价格波动服从对数几何布朗运动预测未来住房价值走势。

① Tse，Y. K. Modeling Reverse Mortgage［J］Asia Pacific Journal of Management，1995（12）：79－95.

② Baer，T.，Eroi，I.，Pater，K.，Pereira，R. and Yoo，S. J. Pricing of Reverse Mortgage on Forward House Sale. 2006.

3. BKU 模型

巴德汉等（Bardhan et al.，2006）[①] 假设在风险中性的环境下，根据欧式看跌期权定价方法，设计了反向抵押贷款保险的定价模型，马、金和卢三人（Ma，Kim and Lew，2007）[②] 对 BKU 模型进行了修改和完善，基于贷款机构支付保险费的期望现值与其预期损失的期望现值相等的原理，建立了反向抵押贷款保险定价模型，研究者认为抵押房产的变现时间也是一项影响贷款机构收益的重要因素，并将该变量纳入模型参数中，并进行了蒙特卡洛数值模拟和敏感性分析，得出贷款机构的损益对利率和房价最为敏感的研究结论。

2.3.3　国内文献

从国内关于反向抵押贷款定价的研究文献来看，研究者从不同的研究角度切入构建了各自的定价模型。

1. 基于贷款利率变动的模型

刘綦铭（2010）[③] 利用林海和郑振龙（2006）的研究结论，认为我国利率波动服从一个单纯跳跃过程，可以看做是泊松过程和几何布朗运动的有机结合。并讨论了贷款利率的随机变动对反向抵押贷款的定价的影响，区分单生命和双生命构建了定价模型。陈珊、谭激扬、杨向群（2007）[④] 假设反向抵押贷款利率波动服从一个马尔可夫链，并在此假设的基础上推到了不同支付方式下反向抵押贷款定价公式。

---

① Bardhan, A., Karapandza, R., Urosevic, B. Valuing Mortgage Insurance Contracts in Emerging Market Economies [J]. The Journal of Real Estate Finance and Economics, 2006, 32 (1).

② Ma, S., Kim, G. and Lew, K., Estimating Reverse Mortgage Insurer's Risk Using Stochastic Models. Conference of Asia – Pacific Risk and Insurance Association in Taipei, China Taiwan, July 22 – 25, 2007.

③ 刘綦铭. 一类随机利率下的反向抵押贷款定价模型 [D]. 华东师范大学硕士学位论文, 2010.

④ 陈珊, 谭激扬, 杨向群. 利率服从 Markov 链的倒按揭模型 [J]. 湖南理工学院学报（自然科学版），2007 (3): 9 – 12.

2. 基于住房价格波动的模型

石卉（2008）① 着重考虑了住房价格波动要素对反向抵押贷款定价的影响，她以南京市为例，采集影响房产价格波动的主要影响因子，包括该地区的国民生产总值、人均可支配收入、土地价格等，构建了房产价格多因子分析模型，并预测了未来该地区住房价格的波动情况，进而据此构建了反向抵押贷款的定价模型。在模型构建中进一步区分有赎回权和无赎回权两种贷款形式分别进行了定价测算。周佳（2009）② 在其硕士论文中详尽地分析了反向抵押贷款面临的房产价格波动风险，并分别采集了全国房地产市场数据和以北京、上海为代表的地方房地产市场数据，根据数据的平稳性等特点分别构建了相应的 ARIMA 模型对未来的房产价格走势进行预测，并通过模型改进减少了误差。周佳进而利用房价预测数据对反向抵押贷款的年金支付金额进行实证分析，使得产品定价能有效控制房价波动风险，最后对如何防范反向抵押贷款中房产价格波动风险提出了政策建议。

3. 基于预期未来余命精算的模型

奚俊芳（2007）③ 重点使用计算预期余命的精算方法，区分一次性总额支付方式和年金支付方式分别构建反向抵押贷款定价模型，并且首次设计提出了递增型终身养老年金支付方式下的贷款定价模型。肖遥（2007）④ 在对国外传统的支付因子定价模型和保险精算定价模型进行综合比较和分析的基础上，对定价模型进行了修订，并在国外成熟的定价参数经验假设下，运用我国寿险业经验生命表数据重点衡量了申请人预期余命风险，最终实现了数值定价并进行了实证检验。王微（2009）⑤ 总结归纳了上海市住房公积金管理中心主办的以房养老项目的发展经验，对有赎

---

① 石卉. 住房反向抵押贷款的定价研究 [D]. 南京理工大学硕士学位论文，2008.
② 周佳. 基于房产价值预测的反向抵押贷款的产品定价模型 [D]. 浙江大学硕士学位论文，2009.
③ 奚俊芳. 反向抵押贷款的产品定价模型研究 [D]. 华东师范大学硕士学位论文，2007.
④ 肖遥. 我国住房反向抵押贷款的定价研究 [D]. 重庆大学硕士学位论文，2007.
⑤ 王微. 住房反向抵押贷款理财产品定价问题研究 [D]. 江苏科技大学硕士学位论文，2009.

回权的贷款采用期权定价方法，对无赎回权的贷款采用保险精算方法分别进行了产品定价，通过对定价结果进行实证检验，发现这两种定价方式存在显著的期权费。李谨卓（2010）[1] 的创新在于考虑老年人群的实际需要设计提出了多层次、多种类的产品设计方案，如逐步递增性终身年金产品、隐含大额支付的优化终身年金产品等，并利用保险精算定价方法，分别建立了相应的定价模型，模型中还考虑了房产价格波动因素对定价的影响，并通过建立多因子回归模型对其进行衡量，实现了贷款金额的定价。

4. 考虑可赎回的期权定价模型

范子文（2006，2011）首次在国内设计提出可赎回的反向抵押贷款期权定价模型，此模型的基本假设是借款人在每个支付期开始均会根据利率的调整状况来判断继续原有反向抵押贷款和申请新的反向抵押贷款可获得的收益大小，若原有合同的收益高将不会提前赎回，反之则考虑提前还款赎回住房。这相当于贷款机构向借款人提供了一个期权，定价中贷款机构应充分考量此期权的价值以规避因此可能遭受的损失。范子文在定价中利用欧式看跌期权的定价方法对反向抵押贷款赎回权进行了深入分析，后来的多位学者的期权定价模型均是在此基础上的进一步拓展。

5. 多因素波动定价模型

路静（2010）[2] 和周超（2012）[3] 构建了多因素波动模型，但采用CIR 或 CKLS 随机利率波动模型进行利率预测，此类方法更适用于自由利率市场，中国的利率受人民银行管制，因此并不符合我国现实。

陈近（2010）[4] 和柴晓武、杨梦（2012）[5] 提出了风险中性定价方法，通过对可能影响因素的波动状况进行仿真模拟，来得到未来现金流的各种

① 李谨卓. 我国住房反向抵押贷款定价模式研究 [D]. 西北农林科技大学. 硕士学位论文，2010.

② 路静，高鹏，董纪昌. 基于保险精算的住房反向抵押贷款定价研究 [J]. 管理评论，2010，22（4）.

③ 周超. 我国住房反向抵押贷款影响因素分析及定价研究 [J]. 价格理论与实践，2012，（4）.

④ 陈近. 反向抵押贷款风险定价模型的机理研究 [D]. 博士学位论文，浙江大学，2010.

⑤ 柴晓武，杨梦. 反向抵押贷款产品定价的机理和方法体系研究 [M]. 科学出版社，2012.

可能发生的状况，然后用无风险回报率进行折现，将其均值作为风险资产的最终定价。陈近（2010）在构建基准模型的基础上，分别构建了扩散跳跃利率波动模型、布朗运动随机波动的房产价格模型对利率和房价波动两个主要风险参数进行描述。柴效武、杨梦（2012　在此基础上，引入 CSV 模型解决逆向选择问题，对死亡率进行了调整，采集上海房价指数利用小波神经网络的方法对未来房价走势进行了预测。他们认为在合同期末借款方可获得的现金流入的积累值与贷款方可获得的现金流入的积累值是相等的，并依此构建了反向抵押贷款的基准定价公式是：

借款人可获得的贷款在期末的累积余额 = 贷款结束时住房资产价值 + 贷款初始费用按贴现率累积到贷款结束时的数额

如果按照上述基准公式计算，在其他条件相同的情况下，贷款初始费用越高，借款人可获得的贷款的金额越高，这并不符合一般的逻辑推理。初始费用主要是支付给第三方的费用，主要包括保险费、房产价值评估费、借款人健康状况评估费用、申请人强制咨询费、手续费等，按照国外操作惯例此部分费用应由借款申请人支付。但初始费用不应算作是贷款方的现金流入，而应列为建立整个借贷关系的所需的成本，因此，贷款方应将申请人需支付的费用从其可获得的金额中进行扣减，剩余金额为借款人实际可获得的贷款额度。基准模型的设计、构建将在第六章展开深入探讨。

2.4　研究评述

总而言之，国外反向抵押贷款产品具有成熟的发展经验，研究者针对反向抵押贷款的运作模式、风险分析和定价方法进行了深入而系统的研究。但是反向抵押贷款是实践性非常强的一项金融工具，国外研究虽然深入，但是我国正处于发展转型阶段，我国的文化传统、管理体制、经济体制、税收政策、土地政策、利率机制、房地产市场发展状况、居民生活消费习惯等诸多方面与国外发达国家存在显著的差异。在我国开展反向抵押贷款需要扫除的障碍很多，但需要首要解决的关键内容是实现合理的产品定价。通过上述文献总结不难发现，实现反向抵押贷款的合理定价，定价模型中风险参数的设定，即风险衡量是一个极为重要的方面。因此有必要首先对我国发展反向抵押贷款面临的主要风险因素从定性及定量两方面做具体而深入的探究，针对主要的风险因素分别构建参数模型，预测各风险未来发展状况，并在反向抵押贷款的产品定价中具体体现。另外，反向抵押贷款的定价模型有必要做进一步的设计、改进以结合我国的国情，尤其是各影响因素的选择、参数设定与测算上需要尤为慎重，否则计算结果可能与实际情况相去甚远。

纵观国内以往反向抵押贷款定价的研究文献，可以发现学者们虽然运用了多种数学模型，但是使用这些数理模型的前提假设条件在我国的适用性并未进行充分检验，因此据此得出的定价结果的准确性有待于进一步验证。另外，国内现有研究，一般仅重点考虑影响反向抵押贷款定价的其中一种或两种风险因素，综合的系统性研究相对缺乏。基于上述原因，本书将在现有研究的基础上，综合考虑中国开展反向抵押贷款的实际环境，对可能影响定价的各种风险因素进行深入分析，进而构建较为综合、系统的反向抵押贷款产品定价模型体系。

2.5 本章小结

本章主要对以往学者们的研究文献进行了梳理、归纳、总结和评述，旨在把握反向抵押贷款国内外研究现状和发展动态，理清本书在此研究领域的顺承关系。本章共分成四个方面进行论述：第一，总体对反向抵押贷款理论基础和国内外文献进行研究综述；第二，对反向抵押贷款的主要风险，尤其是影响定价的关键因素的国内外文献进行了梳理；第三，阐述了反向抵押贷款定价的理论依据，并对近几年国内外反向抵押贷款的产品定价的研究成果进行了总结；第四，评述了国内外已有研究的不足之处，阐明了本书改进的思路。

第3章

反向抵押贷款借款人未来
死亡率波动风险

反向抵押贷款和一般的抵押贷款相比，是逆向思维、反向操作，加之贷款期限长、关联面复杂，存在众多的不确定性，交易双方面临的风险很大。近几年，国内外学者在反向抵押贷款风险规避方面的研究不断加深。在贷款业务运作中，各类风险达到 20 多种，其中研究者普遍认为借款人未来死亡率波动、房产价值波动和贷款利率波动是最为重要的三个主要因素，这些风险因素是构成反向抵押贷款定价模型的主要参数，能否准确预测其未来波动直接影响定价结果的准确性，且关系贷款机构的盈亏。第 3 章至第 6 章将对影响定价的主要风险参数逐一进行深入阐述，并预测其波动走势，为产品的合理定价做好铺垫。

3.1 借款人未来死亡率波动风险的一般分析

反向抵押贷款的合同期限一般是由借款人的未来寿命决定的，尤其是终身年金支付方式的反向抵押贷款，贷款机构须定期支付给借款人一定金额的贷款，直到借款人死亡、出售或者搬离抵押住房，贷款机构才可以终止付款，将抵押住房变现，清偿前期贷款本息。当借款人的实际寿命超过预期寿命，贷款机构会由于无法收回贷款本息而遭受损失。因此，能否准确地估计借款人的预期寿命，是反向抵押贷款定价的关键问题。

实际操作中，金融机构通常采用传统的精算方法假定静态死亡率，按照各国公布的人寿保险业经验生命表进行取值计算预期寿命。人寿保险业经验生命表是根据过去一定时期的各个年龄人群的死亡统计数据编制而成，是过去经验数值的记录。对于单个人而言，实际寿命可能大于或小于统计的平均寿命，但当参与者的数量达到一定规模时，他们的死亡率分布会服从"大数定理"，通常寿险公司认为被保险人群的未来死亡规律与以往情况完全相同，因此可以运用经验生命表中的死亡率数据进行未来寿命的预测，并利用结果进行产品定价。但是实际中死亡率随时间的推移呈现不断改善的动态不确定性特征，据统计在最近几十年，全球人口的平均寿命每年增长约4.5个月，有些国家这个数字甚至更高（Deng et al.，2012）[1]。如果采用传统方法计算，金融机构将低估人口的未来寿命长度，支付时间长于预期，从而增加自身的经营支出。通常将金融机构面临的上述风险称作长寿风险，也被称为死亡率风险，其已经成为目前寿险公司，年金提供者，养老金机构和投资银行密切关注的热点问题。反向抵押贷款面临的若干风险中，借款人未来寿命的不确定性是唯一的一项对所有其他风险均产生影响的重要风险（Chinloy & Megbolugbe，1994），因此应予以特别关注。

将《中国寿险业经验生命表（2000~2003年）》与《中国寿险业经验生命表（1990~1993年）》进行对比计算，可以发现，新生命表中养老金业务中男性的平均寿命为79.7岁，女性的平均寿命为83.7岁，分别比旧生命表计算结果改善了4.8岁和4.7岁。可见，十年间我国养老保险投保人群的死亡率出现了显著降低的趋势，呈现动态波动特征，由此产生了所谓的长寿风险。

根据麦克米等（MacMinn et al.，2006）[2]、斯特拉德（Stallard，2006）[3]和邓颖璐等（Deng et al.，2012）的研究，广义的长寿风险是由于个人或整个人群未来的实际寿命超过预期寿命产生的风险。个体长寿风险是指个体借款人因其自身健康状况、家族的既往病史、生活环境和医疗条件等

---

① Deng, Y., Brockett, P. L. and MacMinn, R. D. Longevity/Mortality Risk Modelling and Securities Pricing [J]. The Journal of Risk and Insurance, 2012, 79 (3): 697 – 721.

② MacMinn, R. D, Brockett, P. L. and Blake D. Longevity Risk and Capital Markets [J]. The Journal of Risk and Insurance. 2006. 73 (4).

③ Stallard E. Demographic Issues in Longevity Risk Analysis [J], The Journal of Risk and Insurance, 2006. 73 (4): 575 – 609.

因素的影响与整体人群的平均寿命的差异引致的支出大于积累的风险，此类风险属于非系统风险，可以通过参加养老保险或反向抵押贷款进行个体风险分散和转移。整个人群的平均寿命超过预期的年龄就属于聚合死亡率变动风险，此风险是系统性风险无法通过大数法则的原理进行分散（Cairns et al.，2006）[①]。反向抵押贷款机构所承担的主要是聚合长寿风险。

随着经济、生活和医疗条件的不断改善，人均寿命的不断延长，长寿风险也已成为我国面临的日益严峻的社会风险。回顾我国现有研究反向抵押贷款定价的文献（路静等，2010；陈近，2010；周超，2012；柴效武等，2012），在考量借款人预期寿命因素时，均按照静态死亡率假定，使用中国人寿保险业经验生命表取值计算，因此无法反映借款人群未来死亡率波动对预期寿命的影响。由此出发，有必要充分论证各种现有动态死亡率预测方法对我国的适用条件，选取合理的方法构建动态死亡率波动模型，并运用模拟的方法对反向抵押贷款借款人群未来死亡率进行预测，进一步分析死亡率波动对反向抵押贷款定价的影响。

3.2 借款人群未来死亡率波动预测

3.2.1 死亡率波动预测方法的选择与评析

20世纪后半叶以来，世界范围内人口死亡率整体上呈现下降趋势。而依据传统死亡模型对死亡率的预测往往高于实际水平，这会对养老金的财务安排和成本核算带来严重的不利影响。近几年，研究界开始采用不同的随机死亡率模型对未来死亡率进行预测。

政府统计机构公布的多为分年龄的年度死亡数据，因此在预测中也常直接预测分年龄的死亡率。中心死亡率 $m_{x,t}$ 的基本计算公式：

$$m_{x,t} = \frac{d_{x,t}}{e_{x,t}} \tag{3.1}$$

① Cairns A. J. G. , Blake D. and Dowd K. 2006, Pricing Death: Frameworks for the Valuation and Securitization of Mortality Risk, ASTIN Bulletin, 36（1）: 79 – 120.

其中，$d_{x,t}$ 表示 x 岁的人在未来 t 年的死亡人数，$e_{x,t}$ 表示 x 岁的人在未来 t 年暴露于死亡风险的生存人年数（根据死亡均匀分布假定，$e_{x,t} = l_x - \frac{1}{2}d_{x,t}$）。常用 $q_{x,t}$ 表示 x 岁的人在未来 t 年内死亡的概率，在死亡率均匀分布假定下，$q_{x,t}$ 和 $m_{x,t}$ 存在下列近似关系：

$$q_{x,t} = \frac{m_{x,t}}{1 + 0.5m_{x,t}} \tag{3.2}$$

或 $$q_{x,t} = 1 - e^{-m_{x,t}} \tag{3.3}$$

参照王晓军、蔡正高（2009）[①] 的梳理，总结常用的离散时间的随机死亡率预测模型，使用较广泛比较有代表性的有如下几种模型：

1. Lee–Carter 模型

最为广泛使用的是 Lee–Carter（1992）[②] 模型，如下所示：

$$\ln m_{x,t} = a_x + b_x k_t + \varepsilon_{x,t} \tag{3.4}$$

其中，a_x 表示 x 岁的人关于时间的平均对数死亡率，b_x 表示 x 岁的人的死亡变化率，k_t 表示死亡率随时间的变动情况。$\varepsilon_{x,t}$ 为随机项，且服从标准正态分布 N（0，δ_ε）。

Lee–Carter 模型具有模型简洁、对死亡率变动拟合较好，容易进行预测的不确定性分析等优点，是迄今为止使用最为广泛的死亡率预测模型（Lee，2000；Lee & Miller，2001）。美国国家统计局将 Lee–Carter 模型的死亡率预测结果作为美国人口死亡率长期预测的一个基准指标（Hollmann，Mulder & Kallan，2000）。

2. 多因素年龄—时期模型

近几年，研究者提出了多因素的死亡率预测模型。伦肖和哈勃曼（Renshaw & Haberman，2003）[③] 构建的死亡率模型为：

$$\log m_{x,t} = a_x + b_x k_t + c_x k'_t \tag{3.5}$$

---

① 王晓军、蔡正高. 死亡率预测模型的新进展 [J] 统计研究，2008，25（9）.

② Lee, R. D. and Carter, L. R. Modeling and forecasting U. S. mortality [J]. Journal of the American Statistical Association，1992，87：659-675.

③ Renshaw, A. E., and Haberman, S. Lee–Carter mortality forecasting with age-specific enhancement [J]. Insurance：Mathematics and Economics，2003，33：255-272.

其中：k_t 和 k'_t 是相互依存的时期效应参数。后来，凯尔斯、布莱克和多得（Cairns、Blake & Dowd，2006a）提出了基于 logit 转换的一种较为简洁的适合于拟合 60 岁至 89 岁高年龄人群的死亡率模型：

$$logit q_{x,t} = \log \frac{q_{x,t}}{1 - q_{x,t}} = k_t + k'_t \ (x - c) \qquad (3.6)$$

其中：k_t 和 k'_t 是两个带漂移项的随机游走变量，文章详细地介绍了使用贝叶斯方法进行参数变动模拟的方法。

3. Renshaw – Haberman 队列效应模型

此死亡率模型由伦肖和哈勃曼（Renshaw & Haberman，2006）[1] 最先提出，模型考虑了队列效应对死亡率的影响，基本形式如下：

$$\log m_{x,t} = \beta_x^{(1)} + \beta_x^{(2)} \kappa_x^{(2)} + \beta_x^{(3)} \gamma_{t-x}^{(31)} \qquad (3.7)$$

其中：$\kappa_x^{(2)}$ 表示随机时间效应参数；$\gamma_{t-x}^{(31)}$ 表示随机队列效应参数。在实际数据的模拟中，此模型表现出来的稳健性较差。

4. Cairns – Blake – Dowd 队列效应模型

凯尔斯等（Cairns et al.，2006）[2] 注意到 Renshaw – Haberman 模型中拟合队列效应的 $\gamma_{t-x}^{(31)}$ 参数关于出生年有确定线性趋势或者二次函数的趋势，并进行了模型的改进，新形式如下，

$$logit q(t, x) = \kappa_t^{(1)} + \kappa_t^{(2)} (x - \bar{x}) + \kappa_t^{(3)} ((x - \bar{x})^2 - \sigma_x^2) + \gamma_{t-x}^{(4)} \qquad (3.8)$$

其中：$\bar{x} = \sum_{x=x_l}^{x_u} \frac{x}{x_u - x_l + 1}$，表示在年龄区间 x_l 和 x_u 之间年龄的平均数；$\sigma^2 = \sum_{x=x_l}^{x_u} \frac{(x - \bar{x})^2}{x_u - x_l + 1}$ 表示年龄区间 x_l 和 x_u 之间年龄的方差。$\kappa_t^{(1)}$ 可以理解为死亡率水平，有下降的趋势，反映死亡率随时间的改善程度；$\kappa_t^{(2)}$ 可以理解为"坡度"系数，带有一个逐渐下降的漂移项，反映了高龄死亡率的改善程度比低龄的要慢；$\kappa_t^{(3)}$ 可以理解为"曲率"系数，更没有规

① Renshaw, A. E., and Haberman, S. A cohort-based extension to the Lee – Carter model for mortality reduction factors [J]. Insurance：Mathematics and Economics, 2006, 38：556 – 570.

② Cairns, A. J. G., Blake, D., Dowd, K. A two-factor model for stochastic mortality with parameter uncertainty：theory and calibration [J]. Journal of Risk and Insurance, 2006, 73：687 – 718.

律；$\gamma_{t-x}^{(4)}$是在 0 周围波动的随机项，没有系统因素的影响。

国内有关人口死亡率预测的研究在近年刚刚起步，卢仿先和尹莎（2005）[①] 针对 1986 ~ 2002 年中国分性别人口的死亡率数据，运用 Lee - Carter 模型对中国人口死亡率进行估计和预测，并将预测结果与中国统计局的预测结果和实际结果进行了比较，说明 Lee - Carter 模型的预测结果较优。韩猛和王晓军（2010）[②] 针对我国人口死亡率数据量少而且存在部分年度数据缺失的情况，对 Lee - Carter 模型中的时间项建立双随机时间过程，提高了 Lee - Carter 模型的预测精度。祝伟和陈秉正（2012）[③] 认为 Lee - Carter 方法能较好地预测我国的死亡率发展趋势，并在此框架下定量分析了死亡率波动对个人年金定价的影响。

在对反向抵押贷款借款人群的死亡率预测进行模型选择时，参照凯尔斯、布莱克和多德（Cairns, Blake & Dowd, 2006）[④] 提出的要点，包括：模型应可以拟合历史数据；模型拟合的长期动态变化过程应符合生物进化规律；参数估计以及死亡率的预测结果应比较稳健，死亡率的不确定性和中心回归线的预测值必须合理并且与历史发展趋势以及死亡率数据变动一致；通过分析与计算能够得出数值解；模型应当较为简洁易懂；预测结果的均值和方差在统计上是可信的等。

本书将运用 Lee - Carter 模型对反向抵押贷款的申请人群的未来死亡率进行预测。考虑到反向抵押贷款申请人与养老年金被保险人的特征类似，使用我国寿险业经验生命表作为原始样本进行预测较为合适，但是目前为止只有 1990 ~ 1993 版和 2000 ~ 2003 版两张寿险业生命表，并不具备对模型中时间效应项进行随机波动预测的条件，因此将使用 CMI（2007）[⑤] 的方法对传统 Lee - Carter 模型进行改进。

① 卢仿先，尹莎. Lee - Carter 方法在预测中国人口死亡率中的应用 [J] 保险职业学院学报，2005，(6).

② 韩猛，王晓军. Lee_ Carter 模型在中国城市人口死亡率预测中的应用与改进 [J] 保险研究，2010 (10).

③ 祝伟，陈秉正. 动态死亡率下个人年您的长寿风险分析 [J]. 保险研究，2012 (2).

④ Cairns, A. J. G., Blake, D. and Dowd, K. Pricing death: Frameworks for the valuation and securitization of mortality risk [J]. ASTIN Bulletin, 2006, 36: 79 - 120.

⑤ Continuous Mortality Investigation. (CMI). Stochastic projection methodologies: Lee - Carter model features, example results and implications [J]. Working Paper 25. 2007.

3.2.2 反向抵押贷款借款人动态死亡率模型的构建

Lee – Carter (1992)[1] 提出的死亡率预测模型如下所示:

$$\ln m_{x,t} = a_x + b_x k_t + \varepsilon_{x,t} \tag{3.9}$$

其中,a_x 表示 x 岁人关于时间的平均对数死亡率,b_x 表示 x 岁人的死亡变化率,k_t 表示随机时期效应,$\varepsilon_{x,t}$ 为残差项,且服从标准正态分布 N(0,δ_ε)。

按照 Lee – Carter 的介绍,参数估计的方法如下:

(1) 由于可有无穷多组 a_x、b_x 和 k_t 满足公式(4)的要求,首先将参数进行了标准化处理,令 $\sum\limits_x b_x = 1$ 和 $\sum\limits_t k_t = 0$,由此可得 $\hat{a}_x = \dfrac{1}{T} \sum\limits_t \ln m_{x,t}$,此处 T 表示死亡率数据时间序列的总长度(界定 105 岁为人寿命的上限值)。

(2) 在参数标准化限制的基础上,运用 Matlab 软件对矩阵 $Z_{x,t} = [\ln m_{x,t} - \hat{a}_x]$ 运用 SVD(奇异值矩阵)分解,分别取该矩阵的左列和右列作为估计值 $\hat{b}_x$ 和 $\hat{k}_t$。

(3) 调节 $\hat{k}_t$,使得 $\sum\limits_x d_{x,t} = \sum\limits_x l_{x,t} e^{\hat{a}_x + \hat{b}_x \hat{k}_t}$

3.2.3 参数估计

目前为止中国总共颁布了两张人寿保险业经验生命表:1990~1993 版和 2000~2003 版,这两张生命表的中心时点可分别看做是 1992 年 1 月 1 日和 2002 年 1 月 1 日,分别记作 t_0 和 t_1。上述两张表可分别看做是这两个时点的数据,依据 Lee – Carter 参数估计的方法可以求得 $\hat{a}_x$、$\hat{b}_x$ 和 $\hat{k}_t$,如表 3 – 1 所示:

---

[1] Lee,R. D. and Carter,L. R. Modeling and Forecasting U. S. Mortality [J]. Journal of the American Statistical Association,1992,87:659 –675.

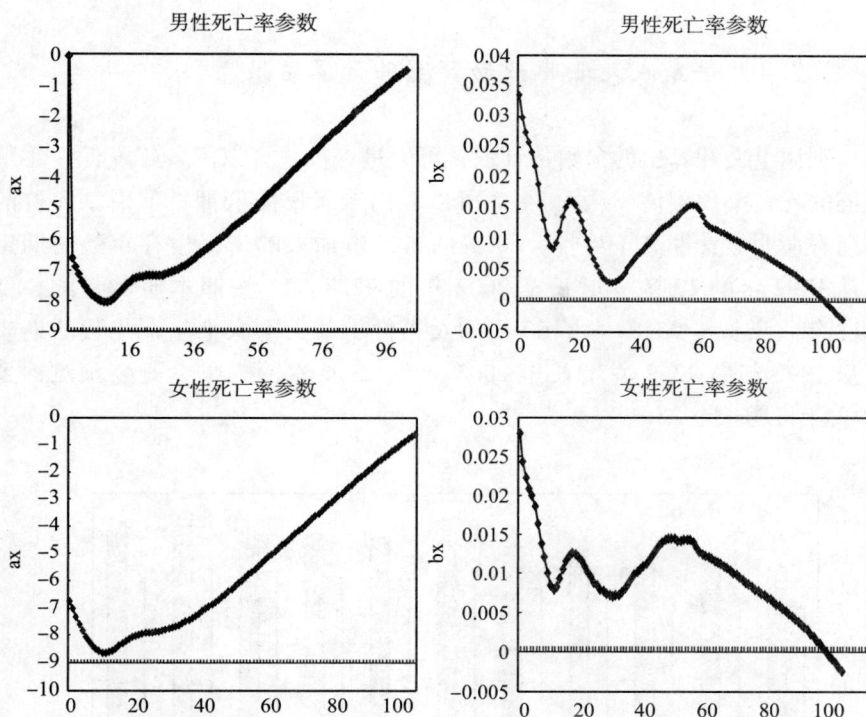

图 3 - 1　Lee - Carter 模型死亡率参数

估计值 $\hat{k}_t$ 为：男性 $\hat{k}_{t0} = 21.9239$，$\hat{k}_{t1} = -21.9239$，

女性 $\hat{k}_{t0} = 26.2115$，$\hat{k}_{t1} = -26.2115$。

由于仅有 1992 年和 2002 年两个时点的估计值，无法对期间的 $\hat{k}_t$ 时间序列进行数值拟合，因此只能对包含上述关系值的这 10 年间的变动情况进行假设。Lee 和 Carter（1992）利用美国 1900 ~ 1989 年的死亡率数据进行拟合，得到的最佳拟合模型是 ARIMA（0，1，0）。后来，Lee 和 Miller（2007）对日本、加拿大、瑞典等其他 8 国的死亡率变动进行研究，认为 ARIMA（0，1，0）模型均能达到满意的拟合效果，因此下面运用 ARIMA（0，1，0）描述我国 1992 ~ 2002 年的 $\hat{k}_t$ 变动，可得模型为：

男性：$\hat{k}_t = -4.3848 + \hat{k}_{t-1}$

女性：$\hat{k}_t = -5.2423 + \hat{k}_{t-1}$

3.2.4 借款人死亡率波动预测的计算结果

利用上文计算出的参数估计值，可以进一步计算以后各年度任一年龄人群的死亡率预测值。从图 3 - 2 可以看出未来反向抵押贷款借款人群的预期寿命明显女性高于男性，60 岁的男性申请人的未来生存年数的期望值从 1992 年的 19.7 岁增长至 2002 年的 22.7 岁，按照本研究预测，到 2012 年将增长至 25.34 岁。60 岁的女男性申请人的未来生存年数的期望值从 1992 年的 22.2 岁增长至 2002 年的 25.4 岁，按照本研究预测，到 2012 年将增长至 28.1 岁。

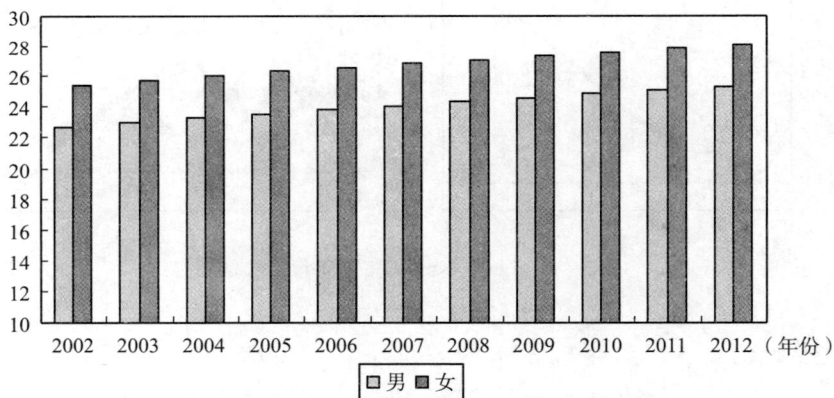

图 3 - 2   2002 ~ 2012 年 60 岁人群的预期余命

预测的 2012 年，男性和女性各年龄人群的平均死亡率数据如表 3 - 1 所示。

表 3 - 1   中国养老产品经验生命表预测值（2010 ~ 2013）

年龄	男性	女性	年龄	男性	女性
0	0.0001444009	0.0001332274	4	0.0001078095	0.0000816317
1	0.0001425177	0.0001301621	5	0.0001071612	0.0000738652
2	0.0001303519	0.0001154038	6	0.0001168210	0.0000744878
3	0.0001168727	0.0000970269	7	0.0001347871	0.0000797154

续表

年龄	男性	女性	年龄	男性	女性
8	0. 0001469384	0. 0000804105	42	0. 0009613511	0. 0003864611
9	0. 0001645372	0. 0000864121	43	0. 0009978178	0. 0003998781
10	0. 0001789091	0. 0000926731	44	0. 0010346197	0. 0004129328
11	0. 0001848522	0. 0000947685	45	0. 0010798601	0. 0004285916
12	0. 0001798050	0. 0000943834	46	0. 0011366405	0. 0004513838
13	0. 0001716525	0. 0000918501	47	0. 0012081332	0. 0004840917
14	0. 0001638455	0. 0000907446	48	0. 0012919602	0. 0005299466
15	0. 0001656568	0. 0000920716	49	0. 0013834275	0. 0005860442
16	0. 0001757073	0. 0000953858	50	0. 0014720580	0. 0006504955
17	0. 0001965011	0. 0001015254	51	0. 0015550089	0. 0007352104
18	0. 0002247270	0. 0001111037	52	0. 0016322420	0. 0008142400
19	0. 0002600642	0. 0001212994	53	0. 0017090257	0. 0008975019
20	0. 0003003320	0. 0001335869	54	0. 0018191898	0. 0009914598
21	0. 0003438555	0. 0001471613	55	0. 0019395636	0. 0010987739
22	0. 0003875696	0. 0001604861	56	0. 0021197659	0. 0012558168
23	0. 0004303089	0. 0001729211	57	0. 0023819309	0. 0014817911
24	0. 0004729601	0. 0001840407	58	0. 0027575077	0. 0017546322
25	0. 0005122699	0. 0001942153	59	0. 0032880867	0. 0019857634
26	0. 0005489457	0. 0002029089	60	0. 0040070448	0. 0022491188
27	0. 0005831402	0. 0002113210	61	0. 0046201068	0. 0025464007
28	0. 0006140177	0. 0002202627	62	0. 0051720600	0. 0028834911
29	0. 0006416461	0. 0002315151	63	0. 0057912921	0. 0032644772
30	0. 0006647290	0. 0002422658	64	0. 0064830177	0. 0036961537
31	0. 0006856665	0. 0002515559	65	0. 0072592488	0. 0041860358
32	0. 0007022180	0. 0002621561	66	0. 0081698431	0. 0047591046
33	0. 0007156834	0. 0002700519	67	0. 0091948923	0. 0054243132
34	0. 0007254186	0. 0002759304	68	0. 0103490177	0. 0061812636
35	0. 0007373734	0. 0002801364	69	0. 0116488125	0. 0070437273
36	0. 0007515667	0. 0002858717	70	0. 0131115794	0. 0080269420
37	0. 0007727713	0. 0002956824	71	0. 0147579077	0. 0091481537
38	0. 0008028089	0. 0003098088	72	0. 0166114231	0. 0104261951
39	0. 0008398699	0. 0003281197	73	0. 0186988798	0. 0118820778
40	0. 0008815759	0. 0003484166	74	0. 0209422317	0. 0135427075
41	0. 0009225113	0. 0003685300	75	0. 0234545123	0. 0154662097

续表

年龄	男性	女性	年龄	男性	女性
76	0. 0262694326	0. 0175210041	91	0. 1427499188	0. 1133080899
77	0. 0294227787	0. 0198483831	92	0. 1594207903	0. 1280847463
78	0. 0329550935	0. 0224852195	93	0. 1778925997	0. 1446830123
79	0. 0369125315	0. 0254727689	94	0. 1983100355	0. 1632926332
80	0. 0413436774	0. 0288597083	95	0. 2208102744	0. 1840982951
81	0. 0463074787	0. 0326953033	96	0. 2455221468	0. 2072828607
82	0. 0518633706	0. 0370423521	97	0. 2725443882	0. 2330230214
83	0. 0580860418	0. 0419658922	98	0. 3019567073	0. 2614693922
84	0. 0650464276	0. 0475403538	99	0. 3337900091	0. 2927358341
85	0. 0728340173	0. 0538532780	100	0. 3680170083	0. 3268841789
86	0. 0815411720	0. 0609970933	101	0. 4045482187	0. 3639088396
87	0. 0912700708	0. 0690770354	102	0. 4432043728	0. 4036998861
88	0. 1021300801	0. 0782138796	103	0. 4837152682	0. 4460473761
89	0. 1142440105	0. 0885345469	104	0. 5257072821	0. 4906032117
90	0. 1277387948	0. 1001807203	105	1. 0000000000	1. 0000000000

3.3 借款人群死亡率波动对反向抵押贷款定价的影响

以一次性总额支付方式的反向抵押贷款产品为例，考察在其他条件相同的情况下，根据（1990～1993）版生命表（附录1）、（2000～2003）版生命表（附录2）和预测生命表（2010～2013）（表3-1）分别计算借款人可获得的贷款额度。假设：借款人为男性，申请年龄 x 为 60 岁，其住房初始评估价值 H_0 为 100 万，房产年增值率 g 为 6%，采用固定贷款利率计息用 r 表示，设为 6%，房屋年折旧率 β 为 2%，初始费用为 0，可获贷款金额用 LS 表示。

在不考虑贷款机构利润的前提下，贷款机构期初一次性发放的贷款总额应等于贷款期限结束时抵押房产价值的期望贴现值，即：

$$LS_x = \sum_{t=1}^{105-x+1} \left[\frac{H_0 (1+g)^t (1-\beta)^t}{(1+r)^t} \right] \cdot {}_{t-1\,|}\,q_x \qquad (3.10)$$

式中${}_{t-1\,|}\,q_x$表示 x 岁借款人在 $x+t$ 岁死亡的概率，此时贷款合同结束。

经过测算，基于 1990 ~ 1993 版生命表计算借款人可获得贷款金额为 67.72 万元，基于 2000 ~ 2003 版生命表计算结果为 63.74 万元，而按照预测的 2010 ~ 2013 版生命表借款人可获得 60.39 万元。从计算结果可以看出，由于死亡率的改善，使得借款人群的平均预期寿命延长，从而会降低反向抵押贷款借款人可获得的贷款金额，平均每 10 年降低 3.6 万元。

基于预测的 2010 ~ 2013 版生命表的男性和女性的死亡率均低于现有的 2000 ~ 2013 版和 1990 ~ 1993 版生命表，在其他条件相同的情况下，计算得出的贷款金额均低于原生命表下的贷款金额，这表明以往研究按照已有经验生命表计算的定价结果存在相当程度的贷款比例高估问题。贷款机构面临着借款人群死亡率改善引致的贷款支付过高，既有可能在合同结束时贷款无法得到清偿，增加贷款机构遭受损失的可能性。

通过测算发现，各年龄的女性的平均死亡率均低于男性，因此女性借款申请人可获得的贷款金额相对低于男性借款者。对其他年龄组的申请人进行测算，发现与之前相同的趋势，但贷款金额的相对降低幅度会随着申请人年龄的增大而逐渐减小。

本书将在第七章和第八章利用本章死亡率预测结果，综合其他风险因素，进一步详尽分析并测算不同类型反向抵押贷款的产品定价。

3.4　借款人死亡率波动风险的分散

死亡率波动风险虽然不能消除，但可以分散或者转移。对贷款机构而言主要的分散方法有：

1. 扩大借款人的数量，分散非系统性长寿风险

通过汇集大量的反向抵押贷款借款人，构建反向抵押贷款池（Pooling），可以有效地分散个体长寿风险。因为整体人群的寿命符合"大数定律"，一份贷款因为借款人寿命超过预期给贷款机构带来的损失，可以由另外一些短寿人带来的收益抵消。借款人数量越大，平均余命的分布就越符合统计规律，贷款机构就可比较准确地预测未来贷款余额的给付分布。

2. 合理的产品设计，可降低长寿风险

从长寿风险的承担方来看，可以有三种方式：一种由贷款机构承担全部长寿风险，即如果借款人实际寿命超过（或小于）预期寿命，由此导致贷款累计额超过（或小于）到期住房价值的损失（或收益）由贷款机构负责。第二种由借款人承担全部长寿风险。第三种是规定最低给付年限。在有些养老保险，为被保险人提供了最低给付年限，如 10 年，被保险人实际生存年限不足 10 年者，保险人需提供 10 年给付，若超过十年，按实际寿命给付直至被保险人去世。对反向抵押贷款也可设定一个最低给付年限。

在进行反向抵押贷款设计时，设计者须提前决定长寿风险的具体承担者及承担比例。对无给付期限限制的贷款，应减少递增给付的方式，经过时间越长参数预测的准确性越低，风险越大。对于固定期限的产品，若借款人寿命超过贷款期限，应"允许借款人继续居住原住房，只停止供款"，而不是"期限到期，必须售房还款"，这样做更加人性化，但贷款人成本将提高。

3. 通过保险或其他衍生工具，转嫁长寿风险

贷款机构可通过保险或再保险，将其承担的长寿风险转嫁给第三方。另外也可通过生存者债券（Survivor Bonds）（Blake & Burrows, 2001）和生产者掉期（Survivor Swaps）（Dowd et al, 2001）等方式对冲或转移长寿风险。

4. 由中立医疗机构对借款人健康状况进行评估

一般而言，借款人越健康生存时间越长，贷款机构支出的金额越多，因此对借款人健康状况的评估十分必要。若由贷款机构确定评估机构，容易出现合谋行为，若借款人确定评估机构易出现寻租行为。因此，应由权威且中立的医疗机构，对借款人健康状况进行评估打分，并据此预测借款

人的未来寿命，测算贷款额度。

3.5　本章小结

　　本章着重研究了影响反向抵押贷款定价的借款人死亡率波动风险。首先从风险识别的角度人均寿命的不断延长，反向抵押贷款机构面临的长寿风险日益加剧，传统基于死亡率静态假设计算贷款额度，容易导致贷款机构的损失。接着，从定量分析的角度，分析了我国过去死亡率波动特征，建立了 Lee – Carter 动态死亡率模型，对近 10 年借款人群死亡率波动进行了数值模拟，可以得到满意的拟合效果。进而，利用现有的中国寿险业经验生命表和死亡率预测值，以 60 岁男性申请人为例，分析了死亡率波动对反向抵押贷款定价结果的影响，为下文实现反向抵押贷款的综合定价做好铺垫。最后，对贷款机构如何进一步分散借款人死亡率波动风险提出了方法和建议。

第 4 章

反 向 抵 押 贷 款 抵 押 住 房
价 值 波 动 风 险

4.1 住房价值波动风险的一般性分析

反向抵押贷款的贷款期限长，有的甚至长达几十年。在此期间，房地产价格会发生不同程度的波动，有的甚至会经历几个波峰和波谷。贷款合同到期时，如果抵押住房的价值高于贷款累积本息额，贷款机构的前期支出能够得以清偿。如果贷款合同设有共享升值条款，贷款机构还可分享由于房产升值带来的收益。但如果抵押住房的出售价格低于贷款本息累积，在无保险的情况下，贷款机构就会遭受损失，这就是所谓的抵押住房价值波动风险。

从物上概念的角度进行分析，房地产价格应该包括房屋建筑本身价格和土地价格。建筑物本身随着长期使用而产生折旧，由于市场变化和生活方式的转变，房屋的布局和结构可能不能适应人们的新需求可产生功能性的贬值，以及房地产市场行情走低等可能产生外部性的贬值，总之，建筑物是随着使用时间的延长价值是不断减少的，但土地价格从过去几十年看是不断上升的。

虽然理论上讲，土地鉴于其资源的稀缺性和不可再生性，其增值的幅度应该超过建筑物贬值的幅度，房地产价值只会发生周期性的波动，而不会距离下降，但现实中房价暴跌或出现泡沫的例子并不少见。以 20 世纪

90 年代的日本房地产市场为例，随着经济不景气，房价连续大幅下降，短短几年住房资产缩水达 50% 以上，到 1993 年，日本房地产全面崩溃，企业大量倒闭，遗留的历史坏账高达 6000 亿美元。中国香港在亚洲金融危机期间，楼市也出现暴跌，1997～1999 年 3 年，楼市价格下跌一半。据专家估计 1997～2002 年的 5 年时间里，香港房地产和股市总市值共损失 8 万亿港元，超过了同期香港地区的生产总值。房价波动风险直接影响了金融机构参与反向抵押贷款业务的热情，在国外，私营机构较少介入反向抵押贷款市场，其中一个主要原因就是为规避房价波动风险。

　　房地产价格波动风险可以进一步分为聚合房价风险和个体房价风险两大类。个体房价风险是一种非系统性风险与住房的具体地理位置，房屋的功能结构、装修好坏等因素密切相关。贷款机构可以通过增大样本数量，拥有多种类、地理位置不同的抵押房产，调整反向抵押贷款组合进行风险分散。但是贷款机构难以避免全国乃至全球行动经济不景气带来的房产贬值，此类聚合房价波动风险属于系统性风险，无法通过扩充样本容量来进行风险分散，贷款机构面临的主要是此类聚合风险。

　　由于房价会经常发生变动且难以估计，所以用于抵押的房产价值在未来期间的变化是不可知的。但是，在反向抵押贷款最初估价时，对未来房产价值的预期直接决定了贷款机构需要支付的贷款总额，进而影响到申请人可得到的贷款数额。就中国而言，目前的房地产价格走势尚不明朗，部分地区波动较大，因此难以对其进行正确估价。

4.2　影响房价波动的主要因素

　　影响房价波动的原因很多，既有房地产市场本身的因素，如供求关系、住房结构、建设成本等因素，也有国家宏观经济政策方面的因素，还可能是心理因素等。这些因素交织在一起，对房价波动的影响具有综合性、动态性、交叉性的特点，下面分别进行说明[①]。

---

　　①　此部分参照了周佳《基于房产价值预测的反向抵押贷款定价模型》的部分内容。

4.2.1 经济因素

1. 宏观经济形势

房价波动与经济基本面存在显著的正相关性，房价是伴随经济基本面变化而不断波动的敏感指标。如果宏观经济形势乐观，房产价格容易出现上行波动走势；倘若经济基本面恶化，极有可能出现房价下滑走势。需要注意的是，房地产价格和宏观经济形势之间是相互影响，相互联系的动态均衡关系，不但经济基本走势会影响房产价格，反之房产价格的波动也会影响到宏观经济基本面。一旦房地产价格波动打破了之前的均衡，宏观经济形势必将发生与之相适应的变化，直至达到新的均衡。如果房产价格上涨缺乏经济基础，而是由于投机或者过度预期造成的，即通常所说的房地产价格泡沫，此时房产价格作为经济发展的重要先验指标，给出的是错误的市场信号，由此造成的虚假繁荣的经济形势必将很快失去支撑回归真实，甚至破坏原有真正的经济基本面，如表4-1和图4-1所示。

表4-1   2001～2011年GDP增长与中国城镇居民住宅平均价格

年度	GDP增长（%）	住宅均价（元/平方米）
2001	8.30	2017
2002	9.10	2092
2003	10.00	2197
2004	10.10	2608
2005	11.30	2937
2006	12.70	3119
2007	14.20	3645
2008	9.60	3576
2009	9.20	4459
2010	10.30	4725
2011	9.20	4993

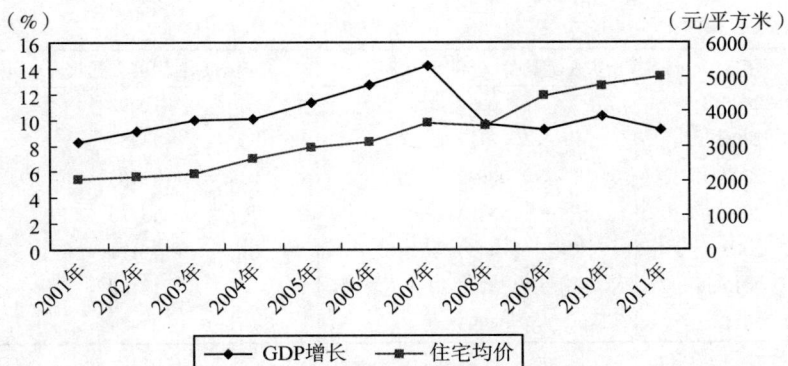

图 4－1　2001～2011 年 GDP 增长与中国城镇居民住宅平均价格走势

2. 土地价格

城市的土地价格因连续投入开发而不断升值，并且由于土地是不可再生资源，加上我国人口基数大，土地资源匮乏，土地的有限性将会推动房地产价格的上涨。从趋势上看，我国当前甚至今后一段时间内，土地的增值是不可逆转的趋势。

3. 城镇家庭居民人均可支配收入

居民的人均可支配收入代表居民的实际购买能力和生活水平，也体现了可以支撑房价增长的有效需求。从表 4－2 和图 4－2 可以看出，二者存在明显的正相关关系。以居民收入水平与商品住房价格走势为例：居民收入水平与商品住房价格不仅在变化方向上一致，并且上特定的时期内变动的速度也是同方向的，也就是说，二者之间有一定的协同性。但是收入房价比应该控制在一个合理的范围之内，就一般而言，这个比值如果过高的话那也就意味着房地产市场出现泡沫了。

表 4－2　　　全国住宅平均价格和城镇家庭人均可支配收入

年度	住宅均价（元/平方米）	城镇家庭人均可支配收入（元）
2001	2017	6802
2002	2092	7629
2003	2197	8472
2004	2608	9421

续表

年度	住宅均价（元/平方米）	城镇家庭人均可支配收入（元）
2005	2937	10493
2006	3119	11759
2007	3645	13785
2008	3576	15780
2009	4459	17174
2010	4725	19109
2011	4993	21809

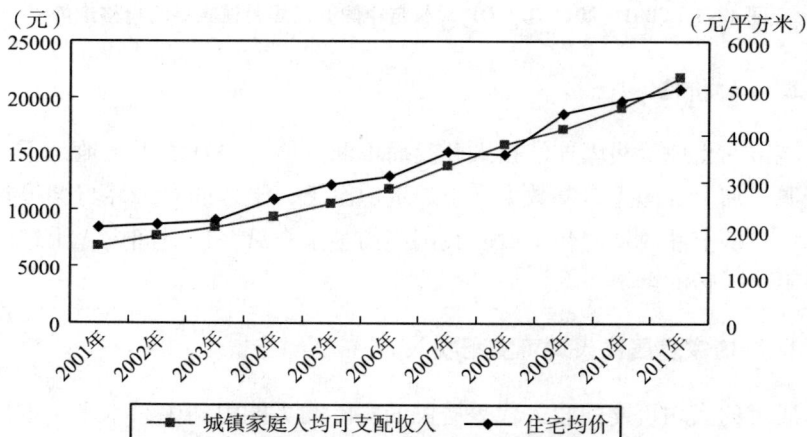

图4-2 全国住宅平均价格和城镇家庭人均可支配收入走势

4.2.2 社会因素

1. 人口因素

一般来说，住房市场的供求关系与年龄结构有关，住房市场的价格也反映住房市场的这种供求关系。从统计数据来看，中国正面临世界上最严重的人口老龄化危机。与此同时，人口红利（劳动人口比例占总人口比例的百分比）在2012以后也将慢慢下降，即每年新增加的青年劳动人口减少，新增青年人口减少，意味着年轻人购房需求的（即刚需）的下降。另外，从性别结构和民族结构来看，观念以及区域分布等因素也会影响未来的房价走势。

2. 城市化进程

城市化进程经常被看做是房地产市场繁荣发展的长久动力。许多研究认为房价的持续上涨，尤其是相对发达地区的房价居高不下的很重要的原因源于城市化进程的加速。如表 4 - 3 所示，在过去 20 年我国城镇人口占比稳步上升，虽然比例每年仅上浮 1%，但由于人口基数大，每年城镇人口增长持续保持在 2000 万人以上。从潜在需求角度分析，我国现有城镇居民人口 6.9 亿人，据专家预测到 2020 年我国城镇人口占比将达到 55% ~60%，新增的 2 亿左右的城镇居民需要解决住房。另外，城镇原有居民也存在改善住房条件的需求，经初步测算，到 2020 年基本实现小康社会时，我国城镇居民人均居住面积将达到 35 平方米，较 2003 年数据增加 11 平方米。但是潜在需求并不等于现实需求，怎样将其转化为现实的住房需求，以及采取何种形式转化，都是影响房价波动的重要经济现象。

表 4 - 3   中国历年城乡人口结构

年度	城镇人口数（万人）	占比（%）	乡村人口数（万人）	占比（%）
1992	32175	27.46	84996	72.54
1993	33173	27.99	85344	72.01
1994	34169	28.51	85681	71.49
1995	35174	29.04	85947	70.96
1996	37304	30.48	85085	69.52
1997	39449	31.91	84177	68.09
1998	41608	33.35	83153	66.65
1999	43748	34.78	82038	65.22
2000	45906	36.22	80837	63.78
2001	48064	37.66	79563	62.34
2002	50212	39.09	78241	60.91
2003	52376	40.53	76851	59.47
2004	54283	41.76	75705	58.24
2005	56212	42.99	74544	57.01
2006	58288	44.34	73160	55.66
2007	60633	45.89	71496	54.11

续表

年度	城镇人口数（万人）	占比（%）	乡村人口数（万人）	占比（%）
2008	62403	46.99	70399	53.01
2009	64512	48.34	68938	51.66
2010	66978	49.95	67113	50.05
2011	69079	51.27	65656	48.73

总体而言，城市化进程不断推进，城市的土地资源有限，土地将连续不断地循环开发，因此土地价格必将不断升值，加上城市的积聚效应的影响，这些因素都将带动房地产价格持续上升。但城市化进程是一个综合性、系统性的过程，经济发展、国家政策等诸多方面的细微变化都有可能极大地影响其进程，因此城市化并非总是持续上升的，在其发展中极有可能由于经济、政治等其他原因发生停滞或中断。还有一种情况是城市化进程本身在形成积聚效应的同时也蕴含着与之相反的分散效应。从西方发达国家的城市化发展来看，城市化进展到后期，在大城市周边会出现很多卫星城市。从经济学的角度分析，城市化进程有其边际成本，当边际成本超过城市聚积带来的收益时，城市化进程将逐渐停滞。

对于城镇居民新增的住房需求，可以按照不同的类别进行具体区分。从其达到的功能来看，可以划分为消费需求和投资需求，从需求是否实现的角度分析，可以分为潜在需求和有效需求。依据供求理论，有效需求直接参与了房地产价格的形成；而潜在需求会影响房产的预期价格以及房地产企业的预期利润，间接地参与了房地产价格的形成。在我国取消福利分房制度以后，一般认为居民对住房的潜在需求很大，并且会不断增大，这一定程度上决定了房价的刚性。

综上所述，城市化进程的不断推进必将促进房地产价格的上涨，价格的增长幅度将呈现先增后减的特点，当城市化带来的住房需求满足时，边际成本等于边际收益，价格将保持稳定，此过程将持续相当长的时间。在这段时间中，整个房地产市场的价格将呈现总体走高的趋势。

3. 社会心理预期因素

在社会普遍的心理预期下，房价不仅可以极大地背离价值，甚至会脱离供求关系。例如，香港在上次金融危机中，6年间房价缩水65%，但在整个过程中，房屋品质、人口数量、社会收入水平的变化均不大，仅仅是人们的社会预期、经济预期发生了改变，导致房价大幅缩水。因此在心理预期的作用下，房地产价格可也出现较大浮动。

4.2.3　政策因素

房产价格的影响因素中，政府调控的影响十分重要，特别是在我国现行的土地所有制下，政策因素在很大程度上左右了房地产市场的发展方向、发展规模、发展速度和发展程度。影响反向抵押贷款定价的政策因素主要包括：（1）国家和地区的相关土地法规；（2）土地最长使用年限的限定；（3）土地出让金的收取标准和方式；（4）户籍制度等相关法规。

我国城镇土地属于国家所有，单位和个人拥有的是一定时期内的土地使用权，而土地使用权的转移是通过向国家支付土地出让金的方式有偿获取，此金额需在土地转让期初一次性全部缴纳。我国物业法已经公布实施，此法规定住房土地使用期满时可自动续期，这其实将之前住宅用地最长 70 年的政策隐性废除。我国目前土地转让金是采取期初一次性总额缴纳的方式，如果能对征收方式进行改革，采用按年度分期征收物业税的方式缴纳，可在一定程度上清除现阶段房产价格中虚高的部分。目前我国的房地产价格远远高于国际通行的居民年人均收入的 3 ~ 6 倍的水平。

另外，城市规划变动及户籍制度改革也会对房地产价格造成影响。如果政策允许外地购房者可以获得房产所在地的户口，那么想获得当地户籍的具有一定经济实力的外来人口必将踊跃购房，从而推高该地区的房产价格。国家的其他政策法规也会对房地产价格产生较大影响，如果国家正式出台征收遗产税的规定，此举可能改变一部分人的消费观念，可能会选择将购买房产的资金转化为当期消费或者将房产价值采取抵押或出售的方式提前变现，用以弥补养老金的不足，提高生活品质。

政策因素对房地产价格的影响尤为重要，甚至可以位居所有影响因素之首。国家出台的利好政策对稳定房产价格具有积极作用，而不利的调控政策则可能造成房产价格的剧烈震荡。

4.2.4　市场因素

1. 房地产的开发投入

房地产价值首先取决于该房产的内在价值量的大小，房地产商的开发投入主要取决于开发房产的质量。通常情况下，房地产商品的设计标准越高，建造材料质量越好，它的价值就越大，相应其价格就越高。随着科技进步，购房者和开发商越来越关注住宅的现代化水平。节能环保、智能化供水、供电、供热设备、宽带网络、物业保安等设施均为房地产提供了较大的升值空间。房地产的价值越来越倾向于依靠建筑物本身的品质、功能以及其中蕴含的科技元素等。

随着经济的发展和科技的进步，房地产周边的环境因素，生活配套设施以及房屋自身的投入价值的不断完善和提高，会推动人们居住环境的改善，并带动房产价格的上涨。

2. 金融市场的发展

目前，全球经济金融一体化的发展趋势逐渐显现。近几年，国际货币市场上，美元持续贬值，人民币升值预期加快。国际热钱大量涌入中国市场，尤其在美国次贷危机及经济放缓预期之下，原本投入美国市场的热钱为维持其高额回报率，大量购买快速升值的中国房地产，同时由于欧洲经济不景气引致的人民币对欧元由贬值转为升值，致使欧盟的热钱也涌入中国进行房地产业投资。

此外，我国银行信贷规模不断扩张。投资者运用从银行借来的资金进行投资时，资产价格经常会偏离基础价格，然而银行债务契约无法观测借款人的投资行为，因而容易出现风险转移或资产替代的行为。一个风险偏好型投资者在投资情况变坏时无需承担所有的成本。从我国现实情况来看，一方面我国银行拥有大量储蓄金额可以支持大规模的信贷，另一方面我国的银行贷款没有完全脱离计划经济体制下与国有企业的关系，大量贷款的资金流向也仍受到各级政府的政策影响，造成银行在选择贷款对象时并不能完全基于成本收益分析，获得贷款的很多企业单位也并不完全承担无法偿还贷款的责任，因此，在我国研究信贷扩张和资产泡沫的关系非常有意义。

已有研究表明，房地产市场中的泡沫几乎都是源于银行的过度信贷融资。以我国为例，商业性房地产贷款占金融机构人民币贷款的比重由 2004 年的 13% 上升到 2007 年 6 月底的 17%，其中一部分国有大型商业银行此数值甚至达到 20% 以上，个人房贷占商业银行新增贷款金额的 25% 左右①。我国房地产价格也持续多年上涨，2002～2003 年，我国商品房年平均销售价格上涨 4.2%，2004 年达到 14.4%。2005～2007 年期间，也达到 10% 以上②。这说明，通过银行信贷可以将房地产的潜在需求转化为有效需求，将房地产消费需求转化为投资甚至投机需求，从而推动房地产价格上涨；与此同时，进一步刺激房地产商通过信贷融资增加市场供给，以获取更多的收益，从而进一步扩大房地产价格中的泡沫。

4.3　我国反向抵押贷款抵押住房价值波动路径的描述

4.3.1　住房价格波动预测方法的选择与评析

目前对房产价格预测的方法主要有以下几类：

第一种是选取影响房价走势的各项因素指标建立多元统计回归模型进行预测。由于影响房价波动的因素太多，且需要对各影响因素的未来走势分别预测，会降低计量结果的准确性，因此本书不考虑使用此方法。

第二种是利用历史数据构建自相关时间序列模型预测房价的未来走势（Case & Shiller，1985）③。自相关回归模型经常用来拟合平稳时间序列，此模型使用的前提假设是数据服从线性而且平稳的特征。如果数据是非平稳的，即具有一定趋势时，通常对其进行差分处理，得到平稳数据后再进

---

① 工商银行、中国银行、建设银行年报。

② 中经网产业数据库。

③ Case K. E., Shiller R. J. The Efficiency of the Market for Single – family Homes ［J］. The American Economic Review, 1989, 79 (1).

行拟合，即 ARIMA 模型。使用这种方法的优点是，在数据模式不明确的情况下，此模型能够较好地捕捉历史数据中的信息，但其缺点是，前提假设条件严格，要求数据线性而且平稳，但实际中的经济变量（包括房价）大多都存在非线性和非平稳的特性，因此使用中存在较大局限。高斯（Gau，1987）[①] 等学者认为，自相关分析更适用于短期分析，长期来看房屋价值的随机游走模型假说更为合理，考虑到住房反向抵押贷款的业务期限一般较长，构建 ARIMA 模型进行预测的准确性较差，因此本书放弃采用此方法。

第三种方法是假设房价服从随机游走过程，此法是国外研究主要采用的方法。假设房价服从几何布朗运动，建立对未来房价预测的模型。

$$dH/H = \mu_H dt + \sigma_H dz \tag{4.1}$$

其中，H 为房价，μ_H 为房价的瞬时增值率，σ_H 为房价波动率，dz 为服从维纳过程的随机变量。随机游走理论认为在增长率恒定的趋势下，当前价格是未来价格最好的观察值，整个过程是无记忆的，即之前的价格对预测未来的价格并没有太多帮助。随机游走理论排除了房产价值上的逆向选择，而是基于凯斯和席勒（Case & Shiller，1989）的研究，认为个人房产价格存在很高的噪音，使得人们很难从观察到的房价指数趋势中获利。张茜、任燕燕（2013）[②] 曾采集 2005 ~ 2010 年中房全国二手住宅价格指数作为样本，利用此方法预测了我国二手住宅价格波动趋势，进而将预测结果应用与反向抵押贷款的定价测算。研究认为此模型基本能取得较为满意地预测效果，但我国使用此模型的前提假设并未进行严格的验证。

第四种方法为神经网络预测法。

神经网络发源于生理学，神经网络模型是一种非线性的自适应动力学系统，此模型具有自学能力，与在计量经济学基础上建立的线性经济模型不同，神经网络可通过非线性函数的逼近以及随机调整来解决一些非线性预测问题。目前比较成熟的技术包括 RBF 神经网络模型、BP 神经网络模型和小波神经网络模型。

[①] Gau G. W. Efficient Real Estate Markets：Paradox or Paradigm？ [J]. Real Estate Economics，1987，15（2）.

[②] 张茜，任燕燕. 动态住房反向抵押贷款定价模型的构建与实证分析 [J]. 云南社会科学，2013（2）.

胡章明（2006）[1] 曾使用中房价格指数数据，分别采用 BP 神经网络模型和 RBF 神经网络模型进行了模拟预测，但预测值误差较大，他认为神经网络的训练次数、网络参数的选取、隐含层神经元数目对预测效果影响很大，但这些值均难以确定，所以传统的神经网络方法实用性不强，需加以改进。李大营等（2009）[2] 建立了基于粗糙集和小波神经网络模型进行房地产价格走势预测，认为此方法在收敛速度及误差精度上较前两种方法更优。柴晓武、杨梦（2012）[3] 将小波分析的方法引入反向抵押贷款的定价模型房价参数测算中，使用小波神经网络模型模拟中房上海房价指数的走势，并进行了贷款价格的测算。基于上述文献，笔者曾利用 2005～2010 年中房全国二手住宅价格指数，运用上述三种预测方法通过 Matlab进行实际演练，发现神经网络方法在拟合波动幅度较大的数据方面存在明显的缺陷。从实际应用来看，数值收敛速度慢，学习时间长，学习过程会产生巨大的震荡，根本无法达到需要的收敛精度。

第五种方法是基于灰色系统理论的房价预测模型。

"灰色系统理论是一种研究少数据、贫信息不确定性问题的方法。通常情况下，信息完全未知的系统称为黑色系统，信息完全明确的系统称为白色系统。传统的系统理论大部分研究那些信息比较充分的系统，但是对部分信息已知，而部分信息不明确的系统研究的并不充分。灰色系统理论是将'部分信息已知、部分信息未知'的'小样本、贫信息'不确定性系统作为研究对象，通过对部分已知信息的生成、开发，提取有价值的信息，实现对系统运行行为、演化规律的正确描述和有效监控。目前这种方法已经逐步应用于现实生活和经济数据的预测当中。"[4]

灰色系统理论的基本求解思路是，首先，将已知的时间序列的集合按照一定的规则组合起来，组成白色模块；然后，通过某种变换来求解未来的灰色模块。以往我们在做时间序列的建模时，通常采用差分的方法对一

---

① 胡章明. 基于神经网络房地产价格指数的预测研究［J］. 中山大学研究生学刊, 2006（2）.

② 李大营, 许伟, 陈荣秋. 基于粗糙集和小波神经网络模型的房地产价格走势预测研究［J］. 管理评论, 2009, 21（11）.

③ 柴晓武, 杨梦. 反向抵押贷款产品定价的机理和方法体系研究［M］. 科学出版社, 2012.

④ 刘思峰, 党耀国, 方志耕, 谢乃明等, 灰色系统理论及其应用［M］. 科学出版社, 2010.

些非平稳数据进行处理，但是在灰色系统中是把原始数据进行累加，利用累加序列进行建模。把原始数据累加后通常可以表现出比较明显的指数变换趋势。这是由于大多数的系统都属于广义能量系统，所以可以反映出作为能量变换最为普遍的规律之一的指数规律。灰色系统理论就是对这些有规律的累加序列建立适当的微分方程进行预测求解。由于灰色模型得出的结果是累加序列，因此需要进行逆还原。

灰色系统预测只需要很少的数据进行建模预测，而且可较为精确的预测系统发展的走势，但是由于预测线是一条光滑的指数曲线，对于波动较大的系统预测精度会受到影响。马尔可夫转移概率通常被用来描述系统在不同状态之间的变化转移的内在规律，对系统内各类随机作用产生的波动进行修正。灰色马尔可夫模型综合了灰色模型和马尔可夫预测的双重优势，在预测基本走势的基础上进一步修正波动幅度，综合体现了系统的波动变化过程。

住房价格指数能够直接而且及时地反映房地产市场的行情波动，但仅是对价格这一经济变量进行的跟踪。由于住房价格与其各影响因素之间的关系难以通过数学进行精确的定量描述。就住房价格指数本身进行时间序列分析仍是目前最为可行的方法，鉴于指数一般为月度数据，序列的变化相对平稳且有时会有一定的波动，因此运用灰色马尔可夫预测模型进行分析具备可行性。本书尝试采用此方法进行反向抵押贷款的抵押住房价值波动的预测。

4.3.2　灰色马尔可夫预测模型的构建

1. 灰色模型

灰色模型是通过建立微分方程来描述系统生成序列的持续变化过程。生成序列是指为减弱原有样本的随机性而将其进行累加后得到的序列，预测后通过逆还原就可得到系统的基本发展走势。判断灰色模型是否适用，主要是通过残差检验，后验差检验和关联度检验，通常上述检验全部通过，就可以认为此灰色模型适用于进行预测。

通常用符号 GM（r，h）表示 r 阶 h 个变量的灰色模型，用于预测的模型一般为 GM（1，1），即单变量一阶微分方程。具体算法如下：首先需要将原始数据进行处理，生成累加序列。假设原始数据的时间序列为 $X^0 = \{x_t^0,\ t = 1,\ 2,\ \cdots,\ n\}$，累加后生成序列为 $X^1 = \{x_t^1,\ t = 1,\ 2,\ \cdots,\ n\}$，其中 $x_t^1 = \sum_{i=1}^{t} x_i^0$。序列 X^1 数据满足下列微分方程。

$$\frac{dX^1}{dt} + aX^1 = b \tag{4.2}$$

其中，a 为发展灰度，b 为内生控制灰度，二者均为要估计的参数。参数估计满足 $\begin{bmatrix} \hat{a} \\ \hat{b} \end{bmatrix} = (B^T B)^{-1} B^T Y$，其中：

$$B = \begin{bmatrix} -\dfrac{x_1^1 + x_2^1}{2} & 1 \\ -\dfrac{x_2^1 + x_3^1}{2} & 1 \\ \vdots & \vdots \\ -\dfrac{x_{n-1}^1 + x_n^1}{2} & 1 \end{bmatrix},\ Y = \begin{bmatrix} x_2^0 \\ x_3^0 \\ \vdots \\ x_n^0 \end{bmatrix} \tag{4.3}$$

求解微分方程可得 $\hat{x}_{t+1}^1 = \left(x_1^0 - \dfrac{\hat{b}}{\hat{a}}\right)\exp(-\hat{a}t) + \dfrac{\hat{b}}{\hat{a}}$，对累加序列进行逆还原可得：

$$\hat{x}_{t+1}^0 = \hat{x}_{t+1}^1 - \hat{x}_t^1 = \left(x_1^0 - \dfrac{\hat{b}}{\hat{a}}\right)\exp(-\hat{a}t)(1 - \exp(\hat{a})) \tag{4.4}$$

拟合数列 $\{\hat{x}_t^0\}$ 反映原始数据序列的发展趋势。

下面需要对模型的适用性进行检验。

灰色模型的绝对误差表示为 $\varepsilon_t^0 = |x_t^0 - \hat{x}_t^0|$，模型的残差检验主要依赖于小误差概率 P 和后验标准差比值 C，其中：$P = P\{|\varepsilon_t^0 - \bar{\varepsilon}^0| < 0.674 std(\{x_t^0\})\}$，$C = \dfrac{std(\{\varepsilon_t^0\})}{std(\{x_t^0\})}$，$std(\cdot)$ 表示标准差，当 $P \leqslant 0.7$ 而且 $C \geqslant 0.65$ 时模型预测效果不合格。也可以对拟合序列 $\{\hat{x}_t^0\}$ 与原始数据 $\{x_t^0\}$ 进行关联度检验。一般而言，$\rho = 0.5$ 时，关联度 $\eta > 0.6$ 可认为模型合格。关联度的计算方法如下：

$$\eta = \frac{1}{n}\sum_{i=1}^{n}\frac{\min(\{\varepsilon_t^0\}) + \rho\max(\{\varepsilon_t^0\})}{\varepsilon_i^0 + \rho\max(\{\varepsilon_t^0\})} \tag{4.5}$$

2. 灰色马尔可夫波动预测模型

当样本序列表现出较强的波动性时，可以进一步建立灰色马尔可夫模型弥补灰色模型弱波动性和弱随机性的特点。[①]

（1）马尔可夫转移概率。设 $\{x_n,\ n \in T\}$ 为随机过程，若对于任意的整数 $n \in T$ 和任意的状态 $i_0,\ i_1,\ \cdots,\ i_{n+1} \in I$，条件概率满足

$$P(x_{n+1}=i_{n+1}\,|\,x_0=i_0,x_1=i_1,\ \cdots,\ x_n=i_n)=P(x_{n+1}=i_{n+1}\,|\,x_n=i_n)$$

（4.6）

则称 $\{x_n,\ n \in T\}$ 为马尔可夫链。并且对于任意的 $n \in T$ 和状态 i，$j \in I$ 称 $p_{ij}^{(k)}=P(x_{m+k}=j\,|\,x_m=i)$ 为马尔可夫链的 k 步转移概率，对其排序后组成的矩阵称为转移概率矩阵，记为 $P^{(k)}$：

$$P^{(k)}=\begin{bmatrix} p_{11}^{(k)} & p_{12}^{(k)} & \cdots & p_{1n}^{(k)} \\ p_{21}^{(k)} & p_{22}^{(k)} & \cdots & p_{2n}^{(k)} \\ \vdots & \vdots & & \vdots \\ p_{n1}^{(k)} & p_{n2}^{(k)} & \cdots & p_{nn}^{(k)} \end{bmatrix}$$

（4.7）

（2）状态的划分。通常以灰色模型的拟合曲线为中心，上下共取 n 个等宽的条状带，每个条状带可构成一个状态，任一状态 $\otimes_i$ 可表达为

$$\otimes_i=[\ \otimes_{1i},\ \otimes_{2i}]$$

$$\otimes_{1i}=\hat{x}_{t+1}^0+A_i,\qquad \otimes_{2i}=\hat{x}_{t+1}^0+B_i$$

（4.8）

A_i 和 B_i 根据数据波动情况具体确定。由于 $\hat{x}_{t+1}^0$ 是时间 t 的函数，因此 $\otimes_{1i}$，$\otimes_{2i}$ 也随时间序列变化。样本数量越多，序列波动性越大，则需要划分的状态越多。

若 $M_{ij}^{(k)}$ 表示从状态 $\otimes_i$ 经过 k 步转移到状态 $\otimes_j$ 的原始序列样本数，M_i 为处于状态 $\otimes_i$ 的原始样本数，可以求出 k 步状态转移概率 $p_{ij}^{(k)}=\dfrac{M_{ij}^{(k)}}{M_i}$。在实际中，一般只需要考察一步转移概率矩阵 $P_i^{(1)}$。在确定序列的未来变动区间后，可以计算区间中位数作为最终的预测值。

---

① 杨楠，邢力聪. 灰色马尔可夫模型在房价指数预测中的应用 [J]. 统计与信息论坛，2006（9）.

4.3.3 数据来源与处理

由于没有房屋价值随时间变化的跟踪数据，考虑到申请反向抵押贷款的借款人需要一直在用于抵押的房屋内居住，借款人房屋价值的变化与二手住房价格指数的变化基本一致，所以本书将全国大中城市二手住房价格指数的波动率作为房屋价值的波动率参数。本书的房价数据采集自中国房地产指数系统（CREIS），选取从 2005 年 7 月到 2010 年 12 月的中房全国二手房住宅价格月度指数作为原始样本，共 66 个数据，如表 4 - 4 所示。

表 4 - 4　　　　　　　　　全国大中城市二手住房价格指数

时间	同比	环比	时间	同比	环比
2005 年 7 月	106.2	99.6	2007 年 7 月	107.3	101.5
2005 年 8 月	107.6	99.9	2007 年 8 月	107.9	102.0
2005 年 9 月	106.4	101.2	2007 年 9 月	107.6	101.6
2005 年 10 月	106.1	100.4	2007 年 10 月	108.7	缺失
2005 年 11 月	106.5	101.7	2007 年 11 月	109.3	100.4
2005 年 12 月	104.7	100.2	2007 年 12 月	111.4	100.0
2006 年 1 月	105.3	101.4	2008 年 1 月	111.9	100.1
2006 年 2 月	105.4	100.5	2008 年 2 月	111.5	100.3
2006 年 3 月	106.7	100.5	2008 年 3 月	111.1	100.0
2006 年 4 月	105.8	100.9	2008 年 4 月	110.3	100.3
2006 年 5 月	106.7	100.8	2008 年 5 月	108.8	99.8
2006 年 6 月	104.9	100.6	2008 年 6 月	107.5	99.8
2006 年 7 月	104.0	100.4	2008 年 7 月	106.0	100.1
2006 年 8 月	104.5	100.3	2008 年 8 月	103.9	100
2006 年 9 月	104.9	100.0	2008 年 9 月	102.6	100.3
2006 年 10 月	105.2	100.5	2008 年 10 月	100.8	99.6
2006 年 11 月	105.2	100.8	2008 年 11 月	100.1	99.8
2006 年 12 月	104.2	100.7	2008 年 12 月	99.9	99.7
2007 年 1 月	105.3	100.4	2009 年 1 月	99.7	99.9
2007 年 2 月	104.4	100.6	2009 年 2 月	99.3	99.9
2007 年 3 月	105.9	100.4	2009 年 3 月	99.6	100.3
2007 年 4 月	106.1	101.0	2009 年 4 月	100.0	100.8
2007 年 5 月	106.8	101.3	2009 年 5 月	100.9	100.7
2007 年 6 月	107.8	101.0	2009 年 6 月	102.2	101.1

时间	同比	环比	时间	同比	环比
2009 年 7 月	103.0	100.9	2010 年 4 月	110.5	101.7
2009 年 8 月	103.6	100.6	2010 年 5 月	109.2	99.6
2009 年 9 月	103.8	100.5	2010 年 6 月	107.7	99.7
2009 年 10 月	104.6	100.4	2010 年 7 月	106.7	99.9
2009 年 11 月	105.5	100.6	2010 年 8 月	106.2	100.1
2009 年 12 月	106.8	101	2010 年 9 月	106.2	100.5
2010 年 1 月	108.0	100.9	2010 年 10 月	105.9	100.1
2010 年 2 月	108.5	100.4	2010 年 11 月	105.6	100.3
2010 年 3 月	109.5	101.3	2010 年 12 月	105.0	100.5

　　因为需要考虑若干年后住房价值随时间的变化率，首先将获得的同比与环比数据换算为以 2005 年 7 月为基期的定基比数据[①]，数据走势如图 4 - 3 所示。

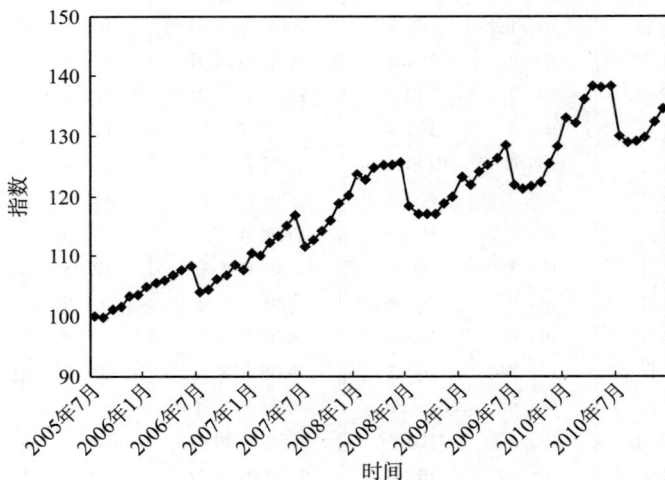

图 4 - 3　中房全国二手房住宅价格月度指数定基比序列

①　定基比的换算方法：首先利用同比数据，将全部月度数据处理成以第一个整年度每月为基期的"准定基比数据"，然后再利用首年的环比数据转化成以首年开始月为基期的定基数据。

4.3.4　数值拟合、预测与分析

首先，对 2005 年 7 月 ~ 2010 年 12 月间的中房全国二手住宅定基比价格指数运用灰色马尔可夫模型进行预测。此计算过程利用 Matlab2009 软件完成，相应图形使用 Excel 绘制。通过 GM（1，1）进行估计，得到各参数估计值如表 4 - 5 所示。

表 4 - 5　　　　中房全国二手住宅价格指数 GM（1，1）参数估计

参数	发展灰度 a	内生控制灰度 b	小误差概率 P	标准差比 C	关联度 η
估计值	- 0.0044	102.0768	1	0.20175	0.61391

从小误差概率、后验标准差比和关联度这三项数据可以判断灰色模型 GM（1，1）检验通过，可以用来预测样本房价指数的走势。下面将进一步对灰色马尔可夫状态转移概率估计，解释房价走势的随机波动效应。通过分析误差序列，根据房价波动的实际数据，取拟合效果相对较满意的 5 状态分割方式，每状态宽度为 3，建立 GM - Markov（1，1）模型。图 4 - 3 描述了以 GM（1，1）的拟合线为水平轴，所有样本序列在各状态间的转移情况，水平刻度线表示各状态间的分割线。

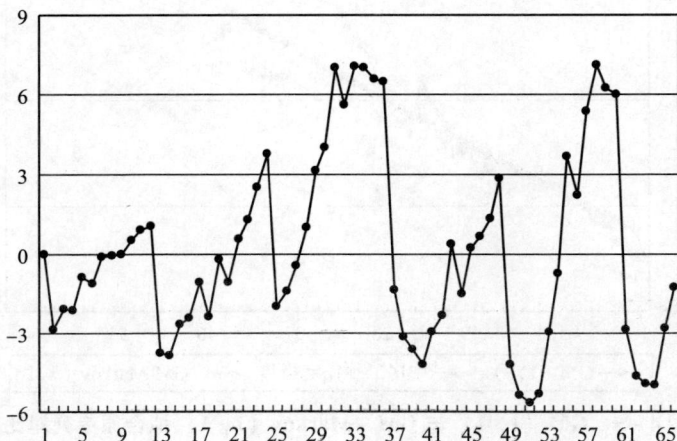

图 4 - 4　马尔可夫状态转移图

基于状态转移图，进而得到一步状态转移概率矩阵：

$$P^{(1)} = \begin{bmatrix} 8/12 & 4/12 & 0 & 0 & 0 \\ 2/24 & 16/24 & 5/24 & 1/24 & 0 \\ 2/15 & 2/15 & 8/15 & 3/15 & 0 \\ 0 & 1/6 & 1/6 & 1/6 & 3/6 \\ 0 & 2/8 & 0 & 1/8 & 5/8 \end{bmatrix}$$

在上述测算与估计的基础上，构建灰色马尔可夫模型 GM - Markov（1，1）如下：

$$\hat{x}^0_{t+1, gmm} = \hat{x}^0_{t+1} + 1.5 \sum_{i=1}^{5} \left[(6 - 2i) \times p^1_{I(t), i} \right]$$

其中，$\{I(t) \in \{1, 2, \cdots, 5\}, t = 1, 2, \cdots, n\}$ 为状态序列。

将 GM - Markov（1，1）与 GM（1，1）的拟合序列与样本指数实际数据进行比较，如图 4 - 5 所示。可以发现 GM - Markov（1，1）较好地描述了住宅价格指数走势，且更好地刻画了序列的波动性。

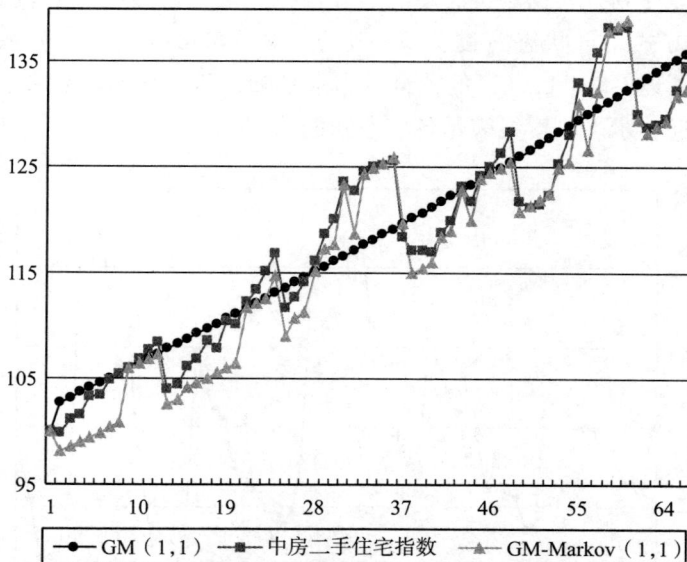

图 4 - 5　GM（1，1）与 GM - Markov（1，1）拟合原序列对比

如表 4 - 6 两种所示，GM - Markov（1，1）模型相对误差均值较 GM

（1，1）更小，也进一步验证了灰色马尔可夫模型的预测精度相对更高。

表 4 - 6　　　　GM（1，1）与 GM - Markov（1，1）预测精度比较

参数	GM（1，1）相对误差均值	GM - Markov（1，1）相对误差均值
估计	2. 3693%	- 1. 3514%

　　综上所述，构建灰色模型和灰色马尔可夫模型进行住房价格指数的预测是切实可行的。灰色模型在预测房价走势方面可取的满意的效果，如果结合实际数据的波动情况构造马尔可夫转移概率矩阵，可进一步提升预测的精度。但由于构造马尔可夫状态转移概率矩阵需要实际数据与估计值进行比对，因此此方法更适用于短期预测。进行未来长期价格走势预测，灰色模型 GM（1，1）更为适宜，二手住房价格增长率走势如图 4 - 6 所示。

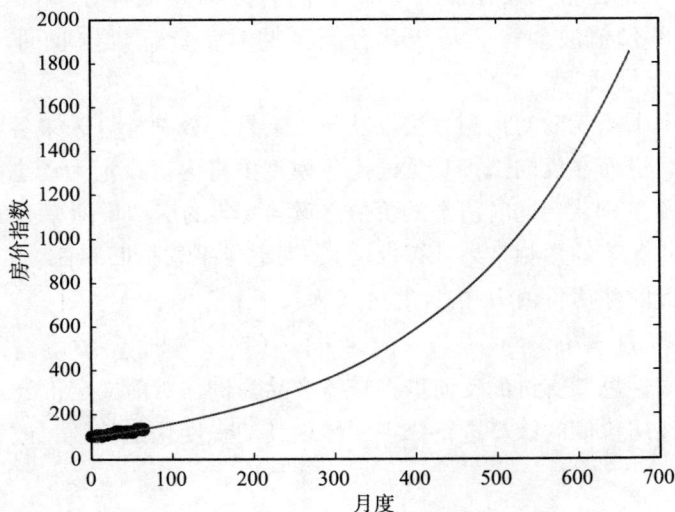

图 4 - 6　未来 50 年二手住宅房价指数走势

　　从图 4 - 5 可以看出，我国二手住宅价格指数走势呈现指数上升的特征，通过 2005 ~ 2010 年房价数据可以看出，实际价格指数基本是围绕 GM（1，1）估计值做上下等幅度的窄幅波动，长期来看波动正负效应相互抵消，最终房价预测结果的波动精度对反向抵押贷款最终定价的影响很小。利用预测结果，可以计算出未来各年度的住房价格增长率，

进而预测反向抵押贷款抵押住房的预期价值，进而测算借款人可获得的贷款金额。

4.4 住房价值波动对反向抵押贷款定价的影响

反向抵押贷款期限结束时，抵押住房的价值直接关系到贷款机构前期贷款支付金额能否完全清偿。住房价值波动是影响反向抵押贷款定价的关键因素，能否合理地评估抵押住房价值波动的影响是此项金融创新业务能否成功开展的关键所在。在反向抵押贷款产品定价中，需要对住房价格的波动以及住房价值的走势做出较为准确的评估。抵押住房价值的评估主要包括三个部分：一是合同开始时住房的初始评估价值；二是在整个反向抵押贷款合同有效期内抵押住房的价值以及可能发生的价值波动；三是贷款合同到期时，贷款机构收回住房能过获得的清算价值。

根据本书 4.3 节的预测方法以及预测结果，分别计算未来各年度房产的增值率，进而在反向抵押贷款的定价模型中将房价设定为动态参数，更为客观地衡量贷款到期时房产的价值。设第 s 年的房产增值率为 g_s（此数值可通过 4.3 节的预测结果计算求得），考虑年平均折旧率 β，在第 t 年贷款结束，此时住房价值 H_t 的计算公式为：

$$H_t = H_0 \times (1 + g_1) \times (1 + g_2) \cdots (1 + g_t) \times (1 - \beta)^t \qquad (4.9)$$

以一次性总额支付的反向抵押贷款产品为例，对前文定价公式（3.9）中的预期住房价值的计算进行修正，体现其动态变化的特征，改进的定价模型为：

$$LS_x = \sum_{t=1}^{105-x+1} \left[\frac{H_0 \prod_{s=1}^{t} (1 + g_s)(1 - \beta)^t}{(1 + r)^t} \right] \cdot {}_{t-1 \mid} q_x \qquad (4.10)$$

同理，其他类型的反向抵押贷款定价模型也可以据此进行修正。本书在第七章还将综合考虑贷款利率、借款人预期寿命等其他因素，区分不同的产品类型分别构建定价模型。

4.5　房价波动风险控制

想要准确预测房价波动几乎是不可能的，在我国，房产价格除了受到一般传统因素影响以外，还受到我国特有国情政策的影响，而且有时政策因素对我国房价有着更大的影响。

1. 制定合理的贷款价值比例

防范房价波动风险的方法之一就是制定合理的贷款比例，为减少房价不确定性带来的损失，除了在出售房产时把握时机，还需要制定合适的贷款比例，尽可能在贷款期限结束时，将贷款本息积累值控制在房价以内。

2. 不同地区的房产采取差异化的举措

房地产不同于一般商品，它不可移动，其价格不仅取决于新旧程度的不同，很大程度上取决于城市、区位、地段的不同。规避房产价值波动风险的关键，是准确地预测房产未来的价格。不同位置的房产价格波动的关联度相比于其他实物商品要小，地区性经济不景气到导致的房价降低风险，可通过不同地区分布使其最小化，但全国性的经济衰退导致房价降低是无法分散的。因此对待房产价格的涨跌，就需要考虑是综合计算全国一揽子的房价波动率，还是区分城市界定，或者是区分每个地段、小区的申请人，分别计量房价波动状况。

3. 发展住房财产保险

房产价值除了受到社会因素的影响，也会受到不可抗自然灾害的影响。一旦出现如地震、台风、火灾等自然灾害，贷款机构将遭受巨大损失。发展住房财产保险是解决这一问题的有效方法。贷款合同双方，可根据协定，由贷款人或借款人将准备抵押的房屋投保住房财产保险。一旦发生自然灾害或意外事故，保险机构需根据合同进行一定数额的补偿，从而减少损失。

4. 反向抵押贷款证券化

反向抵押贷款证券化是指贷款机构将持有的流动性差，但具有未来预期现金流入的反向抵押贷款，汇聚重组构成反向抵押贷款池，由证券机构现金购入，经过担保或信用升级后，进入二级市场，出售给新的投资者，从而达到资金融通、风险分散的目的。这也是国外贷款机构经常采用的规避或者转移住房价值波动风险的一种有效手段。

4.6 本章小结

本章着重研究了影响反向抵押贷款定价的住房价值波动风险。首先从风险识别的角度揭示了反向抵押贷款涉及的房屋价格波动风险可区分为个体房产价格风险和聚合房产价格风险，接着从经济、社会、政策和市场四方面分析了影响房价波动的主要因素。在前人研究的基础上，根据我国2005 年 7 月 ~2010 年 12 月全国二手住宅价格指数的波动特征，构建了灰色马尔可夫房价波动模型，并进行了数值模拟，可以得到满意的拟合效果，并对未来房价变动路径进行预测。进而，分析了住房价值波动对反向抵押贷款定价结果的影响，以一次性总额支付反向抵押贷款产品为例，构建了考虑房价波动的定价模型，为下文构建综合定价体系做好铺垫。最后，对反向抵押贷款房价波动风险的控制提出了方法和建议。

第 5 章

反向抵押贷款利率波动风险

确定合理的贷款利率对反向抵押贷款具有重大意义，利率高低密切影响贷款额度的确定和波动，贷款利率越高，其贴现值越高，借款人能拿到手的贷款金额就越少，贷款机构收益提高，但借款人利益受损，其需求会下降；反之，如果使用低贷款利率，借款人的利益得到满足，但贷款机构因无利可图，会丧失开展此业务的动力。我国对反向抵押贷款机构面临的利率风险尚无定量分析，这也在很大程度上制约了此业务的开展。

5.1　贷款利率波动风险的一般性分析

利率波动风险指由于经济环境变化或经济政策等因素调整引起导致借贷市场利率变化，由此导致贷款机构的利润减少甚至损失的风险。贷款利率是增加一个百分点还是降低一个百分点，加以十几甚至几十年的累积，会对贷款机构的盈利情况产生重大影响，如图 5-1 所示。

金融产品通常按照固定利率计息和浮动利率计息两种方式进行区别定价。固定利率计息是指利率确定之后，在整个投资期限内不做任何调整；浮动利率计息是指在金融产品的投资期间内，市场利率的波动为依据，定期对执行利率进行上下调整。

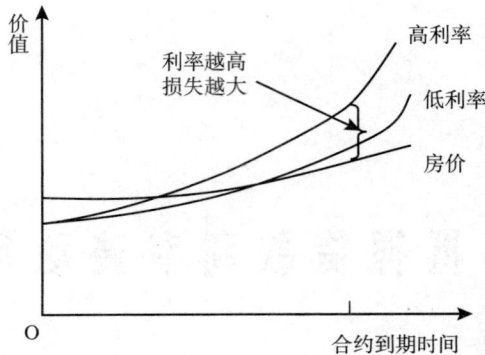

图 5-1 贷款机构面临的利率波动风险示意

1. 固定利率计息状况

如果反向抵押贷款采用固定利率计息，当市场利率高于合同利率时，贷款机构因为要使用大量资金支付贷款，这些资金就丧失了用于市场投资获得更高收益的机会，因此，使用这种计息方式贷款机构需要承担因为用于支付反向抵押贷款而产生的机会成本。采用固定利率计息的优点是，贷款机构可以精确地计算出贷款到期的本息积累值，也能更好地估计所面临的贷款损失风险。

当市场利率低于合同利率时，借款人可以利用更低的市场利率进行再融资，如果允许借款人提前赎回住房的话，借款人很可能会选择提前偿还本息，结束贷款合同。这意味着贷款机构预期收益减小，另外收回资金还面临在投资的风险。从国外运作来看，一般反向抵押贷款的前期费用较高，合同前期借款人通常不会选择提前还贷，只有房产价值大幅上涨，能使借款人有利可图时才会选择提前还款。

2. 浮动利率计息状况

反向抵押贷款通常含有"无追索权"条款，是指贷款机构对借款人除抵押住房以外的任何财产和收入没有追偿的权利，即借款人到期所要偿还的金额不会超过抵押房产的最终变现价值。如果反向抵押贷款采用浮动利率计息，当市场利率上升时，贷款机构面临收益减少甚至发生损失的可能。利率越高，贷款期限越长，贷款余额超过住房最终变现价值的可能性就越大。

当市场利率下降时，如果允许借款人提前偿还贷款，贷款机构也会面临隐含的赎回选择权导致的利率风险。借款人一般会衡量贷款前期的费用以及重新申请贷款所能获得的收益，很有可能提前偿还贷款，然后按照较低的利率去申请更高额度的反向抵押贷款。

美国的反向抵押贷款曾经以固定利率计息，但鉴于以普通贷款利率为代表的市场利率经常上下浮动，若反向抵押贷款仍坚持既定的固定利率计息，就会使贷款机构陷入被动，目前几乎所有的反向抵押贷款开办机构均实行浮动利率方式计息。该贷款的浮动利率一般是盯住某个市场基准利率，再进行一定的风险调整，贷款机构会定期对借款人计息利率进行调整，通常是每年调整一次。但是开办机构对未来市场利率的波动没有任何控制手段，利率波动仅受一年期的美国财政部的安全利率约束。总之，浮动利率计息，是规避利率风险的有效手段，但并不是唯一方式，贷款机构还可以通过其他方式减少利率风险损失。

5.2　我国现行金融体制下贷款利率波动路径描述

5.2.1　利率波动预测方法的选择与评析

利率问题一直是金融研究的一个焦点问题。20 世纪 70 年代，许多学者提出了利率动态波动模型，最有代表性的有 Merton 模型[1]、Vasicek 模型[2]和 Cox – Ingersoll – Ross 模型（简称"CIR 模型"）[3]。后期的模型构建更为复杂，在纯随机漂移的模型中，不仅考虑了利率的水平，一些其他的

① Merton, R. C. The Theory of Rational Option Pricing [J]. The Bell Journal of Economics and Management Science, 1973, 4 (1): 141 – 183.

② Vasicek, O. An Equilibrium Characterization of the Term Structure [J]. Journal of Financial Economics, 1977, 5 (2): 177 – 188.

③ Cox, J. C., Ingersoll, J. and Ross, S. A. A Theory of the Term Structure of Interest Rates [J]. Econometrica, 1985, 53 (2): 385 – 407.

因素也被考虑并加入模型中。康斯坦丁尼德斯（Constantinides，1992）[①]提出了 CIR 模型的非线性一般化。桑德斯和尤偌（Sanders & Unal，1998）[②] 等提出了利率的机制转换模型，跳跃过程成为利率分析中一个非常重要的组成部分，它的应用进一步提高了模型的解释能力（Das，2002）[③]。在此基础上，许多学者进行了实证分析（Chan 等[④]，1992；Andersen & Lund[⑤]，1997；Chapman & Pearson[⑥]，2001；Ang & Bekaert[⑦]，2002）。

近几年中国动态利率方面的研究也逐渐增多。谢赤和吴雄伟（2002）[⑧] 曾利用银行间同业拆解利率进行实证分析，认为 Vasicek 模型要优于 CIR 模型。洪永淼和林海（2006）[⑨] 利用多种利率模型对我国国债市场回购利率进行了实证检验，郑挺国和刘金全（2012）[⑩] 在短期利率中引入随机波动和跳跃两因素，对中国银行间短期利率进行了实证检验，证明随机波动因素在模拟中比跳跃因素起着更重要的作用。

综上所述，对利率波动的模拟多采用 CIR 模型、Vasicek 模型和 CKLS 模型，此类模型在自由利率市场中被广泛使用。我国学者多采用此类模型验证同业拆解利率，交易所国债回购利率等短期市场利率波动情况。

---

① Constantinides, G. M. A Theory of the Nominal Term Structure of Interest Rates [J]. Review of Financial Studies, 1992, Vol. 5: 531 – 552.

② Sanders, A. B. and Una, H. On the Intertemporal Behavior of the Short – Term Rate of Interest [J]. Journal of Financial and Quantitative Analysis, 1988, 23: 417 – 423.

③ Das, S. R. The SurpriseElement: Jumps in Interest Rate [J]. Journal of Econometrics, 2002, 106: 27 – 65.

④ Chan, K., Karolyi, G. and Longsta, F. An Empirical Comparison of Alternative Models of the Short – term Interest Rate [J]. The Journal of Finance, 1992, 47 (3): 1209 – 1227.

⑤ Andersen, T. G. and Lund, J. Estimating Continuous – time Stochastic Volatility Models of the Short – term Interest Rate [J]. Journal of Econometrics, 1997, 77: 343 – 377.

⑥ Chapman, D. A. and Pearson, N. D. Recent Advances in Estimating Term Structure Models [J]. Financial Analysts Journal, 2001, 57 (4): 77 – 95.

⑦ Ang A, Bekaert G. Regime Switches in Interest Rates [J]. Journal of Business and Economic Statistics, 2002, 20: 163 – 182.

⑧ 谢赤，吴雄伟. 基于 Vasicek 模型和 CIR 模型中的中国货币市场利率行为实证分析 [J]. 中国管理科学，2002，3：22 – 25.

⑨ 洪永淼，林海. 中国市场利率动态研究——基于短期国债回购利率的实证分析 [J]. 经济学（季刊），2006（5）：511 – 532.

⑩ 郑挺国，刘金全. 随机波动和跳跃下的短期利率动态 [J]. 系统工程与实践，2012，32（11），2372 – 2380.

考虑到反向抵押贷款产品运作的特殊性，贷款期限在十几年甚至几十年，其利率水平不可能在市场上随意波动，比较大的可能性是随着央行基准利率的调整做一定幅度的变动。目前我国银行存贷款利率市场受政府管制，表现出跳跃式浮动的特点，上述几种利率模型对我国适用性不强。

本书参考陈近（2010）的研究方法，利用林海、郑振龙（2006）[①] 的研究结论，认为基准利率由中央银行决定并保持一段时期不变的波动过程类似于一个单纯跳跃过程，构建反向抵押贷款利率波动模型。

5.2.2 贷款利率波动预测模型的构建

依据林海、郑振龙（2006）的研究认为，某时点利率变动值应由该时刻的利率水平、利率跳跃次数和跳跃幅度共同决定，建立利率波动模型。

$$dr_t = K_t \cdot dP \tag{5.1}$$

其中，P 服从参数为 λ 的泊松分布；λ 代表单位时间利率的平均跳跃次数；K_t 表示利率跳跃时的幅度，它服从均值为 0、方差为 $(\sigma r_t)^2$ 的正态分布。

央行基准利率的波动表现为较短时间离散数据的单纯跳跃过程，所以可以用矩方法进行参数估计。估计结果：λ = 跳跃次数/样本总量，$\sigma^2 = Var(dr_t/r_t)/\lambda$。

5.2.3 数据来源与基本分析

使用人民银行公布的 1990 年 9 月 ~2012 年 12 月的基准贷款利率的月度数据作为原始样本数据，共 268 组，如表 5-1 所示。

表 5-1　　　　　　1990~2012 年人民币贷款基准利率　　　　（单位:%）

调整日期	短期贷款			中长期贷款	
	6 个月	1 年	1~3 年	3~5 年	5 年以上
1990.08.21	8.64	9.36	10.08	10.80	11.16
1991.04.21	8.10	8.64	9.00	9.54	9.72

---

① 林海，郑振龙. 中国利率动态模型研究 [J]. 财经问题研究，2005，(9).

续表

调整日期	短期贷款			中长期贷款	
	6个月	1年	1~3年	3~5年	5年以上
1993.05.15	8.82	9.36	10.80	12.06	12.24
1993.07.11	9.00	10.98	12.24	13.86	14.04
1996.05.01	9.72	10.98	13.14	14.94	15.12
1996.08.23	9.18	10.08	10.98	11.70	12.42
1997.10.23	7.65	8.64	9.36	9.90	10.53
1998.03.25	7.02	7.92	9.00	9.72	10.35
1998.07.01	6.57	6.93	7.11	7.65	8.01
1998.12.07	6.12	6.39	6.66	7.20	7.56
1999.06.10	5.58	5.85	5.94	6.03	6.21
2002.02.21	5.04	5.31	5.49	5.58	5.76
2004.10.29	5.22	5.58	5.76	5.85	6.12
2006.04.28	5.40	5.85	6.03	6.12	6.39
2006.08.19	5.58	6.12	6.30	6.48	6.84
2007.03.18	5.67	6.39	6.57	6.75	7.11
2007.05.19	5.85	6.57	6.75	6.93	7.20
2007.07.21	6.03	6.84	7.02	7.20	7.38
2007.08.22	6.21	7.02	7.20	7.38	7.56
2007.09.15	6.48	7.29	7.47	7.65	7.83
2007.12.21	6.57	7.47	7.56	7.74	7.83
2008.09.16	6.21	7.20	7.29	7.56	7.74
2008.10.09	6.12	6.93	7.02	7.29	7.47
2008.10.30	6.03	6.66	6.75	7.02	7.20
2008.11.27	5.04	5.58	5.67	5.94	6.12
2008.12.23	4.86	5.31	5.40	5.76	5.94
2010.10.20	5.10	5.56	5.60	5.96	6.14
2010.12.26	5.35	5.81	5.85	6.22	6.40
2011.2.9	5.60	6.06	6.10	6.45	6.60
2011.4.6	5.85	6.31	6.40	6.65	6.80
2011.7.7	6.10	6.56	6.65	6.90	7.05
2012.6.8	5.85	6.31	6.4	6.65	6.80
2012.7.6	5.60	6.00	6.15	6.40	6.55

资料来源：中国人民银行网站。

　　由于反向抵押贷款的合同期限长，适用 5 年以上中长期贷款基准利率作为基础样本进行模拟预测，共 268 个样本数据，一阶差分后为 267 个数据。在差分序列中有 31 个非零数值，可代表跳跃的次数。由此可确定公式 5.1 的相关参数：$\lambda = 31/267 = 0.1161$，$dr_t/r_t$ 的标准差 $= 0.37091$，$\sigma^2 = \dfrac{Var\ (dr_t/r_t)}{\lambda}$，可求得对应的 σ 的估计值 $= 0.108856$。

5.2.4　数值模拟与分析

　　上述分析可得，反向抵押贷款未来贷款年利率的波动过程可用下列随机游走过程来描述：

$$dr_t = K_t \cdot dP$$

其中，dP 服从参数为 0.1161 的泊松分布，K_t 服从正态分布 N（0，$0.108856 r_t$）。

　　对随机利率进行 Monte Carlo 模拟 500 条路径，模拟数据的生成过程如下：

　　第一步：利用公式（4）得出，反向抵押贷款未来贷款年利率的波动过程可用函数式描述：$dr_t = K_t \cdot dP$，其中，dP 服从参数为 0.1161 的泊松分布，K_t 服从正态分布 N（0，$0.108856 r_t$）。

　　第二步，利用 Matlab2009，为了模拟出利率的走势，从当前的价格 r_0 出发，按 $i = 1，2，3，\cdots，12T$ 的顺序，依次求出 $r_1，r_2，\cdots，r_T$，即模拟出一条未来 T 年的贷款利率的走势路径。

　　第三步，重复第二步 500 次，得出 500 条贷款利率波动路径。

　　第四步，将每一个对应时刻取 500 条路径的均值，可作为未来利率波动的预测值。

　　假设贷款初始利率 r_0 采用 2013 年初中国人民银行五年期贷款基准利率值，设为 6.55%。取有代表性的部分利率模拟路径如图 5 − 2 所示，该图主要反映了未来利率波动的可能情况。从图 5 − 2 可以看到，模拟的未来利率呈现出一段时期保持不变的单纯跳跃波动过程，绝大部分都在初始利率的上下做小幅度波动，但也存在及少量大幅波动的可能性。

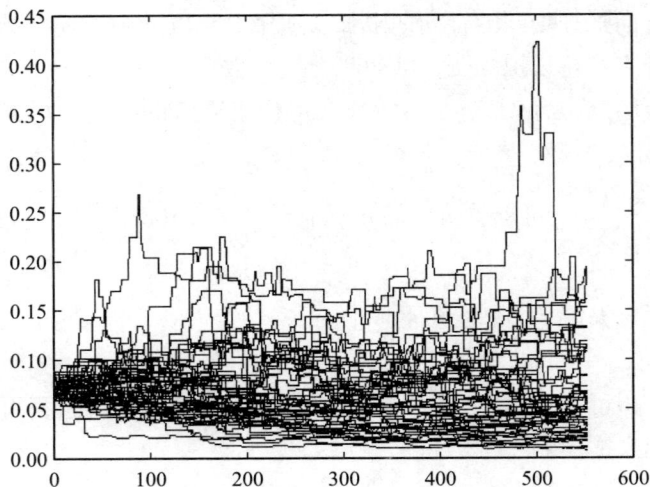

图 5 - 2　部分利率波动路径预测

　　将每一个对应时刻取所有 500 条模拟路径的均值，可见未来几十年利率走势如图 5 - 3 所示：

图 5 - 3　蒙特卡洛模拟的未来利率波动均值走势图

　　从图 5 - 3 可以看到，由于做了均值化处理波动趋势相对于部分利率波动路径的波动幅度有限，呈现围绕初始贷款利率上下做窄幅震荡的特点。因此在使用蒙特卡洛方法预测贷款利率波动走势时，初始利率的选择尤为重要。

5.3　贷款利率波动对反向抵押贷款定价的影响

反向抵押贷款的运作中，采用浮动利率计息形式，如果不允许借款人提前还贷，贷款利率的波动将主要影响合同结束时的贷款累积额度。因此在产品定价时需要利用上述方法预测未来贷款利率波动的情况，才能计算借款人的贷款额度。本章以一次性总额支付方式下无赎回权反向抵押贷款产品为例，暂不考虑期初费用，可以将贷款机构的现金流分布情况用图5－4表示。其中 LS 表示借款人期初可获得的金额，r_s 表示第 s 期的贷款利率。

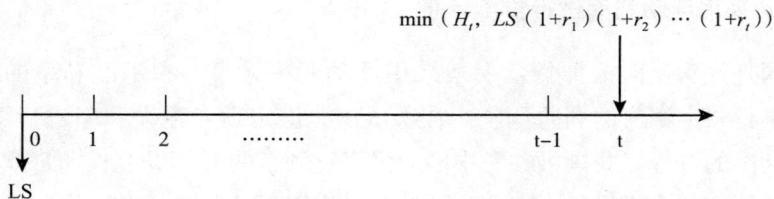

$$\min\left(H_t,\ LS\left(1+r_1\right)\left(1+r_2\right)\cdots\left(1+r_t\right)\right)$$

| 0 | 1 | 2 | ……… | t−1 | t |

LS

图5－4　贷款机构现金流程（一次性总额支付方式下无赎回权产品）

根据图5－4的现金流分布，将上文公式（4.10）中的贷款利率改进为动态变量，用 r_s 表示，改进的定价公式为：

$$LS_x = \sum_{t=1}^{105-x+1}\left[\frac{H_0\prod\limits_{s=1}^{t}\left(1+g_s\right)\left(1-\beta\right)^t}{\prod\limits_{s=1}^{t}\left(1+r_s\right)}\right]\cdot{}_{t-1\,|}\,q_x \tag{5.2}$$

同理，其他类型的反向抵押贷款定价模型也可以据此进行修正。

如果反向抵押采用浮动利率计息，并且允许借款人提前还贷结束贷款合同。在此类产品定价中，贷款机构还需要考虑由于贷款利率变化而带来的借款人提前还贷风险。第 7 章将具体区分一次性总额支付方式和终身年金支付方式，详细讨论在何种情况下借款人会提前偿还贷款，以及如何计算赎回权的价格，并将其包含进反向抵押贷款的定价中。

5.4 贷款利率波动风险的控制

贷款利率波动风险虽然不能有效分散，但是在前文利率风险衡量的基础上，贷款机构可以采取一些风险管理手段从一定程度上控制和规避利率波动的影响。一般来说利率风险的管理与控制手段可以分为两大类：一类是通过表内管理的方法，即改变资产负债的内部结构，达到控制风险的目的；另一类是通过表外管理的方式，即通过各种衍生金融工具实现对现有资产负债头寸的套期保值。[①] 具体来说，贷款人可以采用如下的措施进行利率风险控制：

1. 采用浮动利率进行贷款计息

国外住房反向抵押贷款一般采用浮动利率计息，在基准利率的基础上，进行一定幅度的利差调整。在实践中，应定期对浮动利率进行调整。基准利率的选择，我国可参考中国人民银行颁布的五年以上长期贷款基准利率为标杆，上下进行一定范围的调整。采用浮动利率计息形式，虽然可有效克服固定利率计息风险，但无法规避利率上升可能造成的贷款到期累积额超过住房价值的风险。对于后者风险，可通过控制贷款额度的方式予以解决。

2. 进行资产负债匹配

贷款机构的利率风险原有其拥有的资产、负债之间的匹配程度。资产负债匹配需要贷款机构在其风险承受能力范围内，有针对性地对资产与负债有关的决策进行制定、实施、监督和修正，实现其财务管理目标，对此类风险进行系统有效的评估与管理，实现其财务目标。

反向抵押贷款的现金流与一般住房抵押贷款的现金流的方向相反，因此，金融机构可将这两类贷款进行组合匹配，使每期的现金流入和流出基本一致，已达到控制利率风险的目的。实现二者的匹配，不仅从数额上要

---

① 范子文. 中国反向抵押贷款研究［M］. 中国农业出版社，2011.

匹配，同时在期限和结构比例上也需要达到匹配才行。

3. 利率互换和对冲机制

利用金融衍生工具，如利率互换、利率远期、利率期权和利率期货，通过反向操作，冲抵利率变动对贷款机构的影响，达到化解和防范利率风险的目的。

金融衍生工具是把"双刃剑"，运用得好可以较好地对冲风险，运用不当可能会加剧贷款机构的损失程度。目前，中国还未推出此类金融衍生工具，但可以通过国际金融市场购买金融衍生产品，化解贷款机构外币资产和负债的利率变动风险，待条件成熟时再进一步利用其管理人民币资产和负债的利率风险。

4. 发展利率保险

贷款机构也参加利率保险，在缴付一定的保险费后，将利率波动风险转移给保险公司。贷款机构购买利率保险后，相当于锁定了未来的贷款累积金额，如果市场利率波动上涨，贷款机构没有购买利率保险，合同期满时的贷款累积值会随着利率的上升而上涨，因而贷款机构承担了较大的利率风险。利率保险可以用来防范利率上升而带来的风险，即在合同到期时，利率上涨超过一定幅度，由此给贷款机构造成的损失由保险公司来承担。

对贷款机构而言，是否购买利率保险可根据情况具体分析。如果保险费可以全部或部分地转嫁给借款人，则购买利率保险对贷款机构有力。但如果无法将保费转移给借款人承担，贷款机构可在预期未来利率上涨幅度较大时购买保险，预期未来利率下降或不会大幅度上涨时就不需购买保险。但目前中国尚未开办此类险种。

5.5　本章小结

本章首先明确了反向抵押贷款机构所面临的利率风险巨大，阐述了不同的计息形式将会对贷款机构的现金流产生怎样的影响，进一步证明了采用浮动利率计息，正确反映贷款机构承担利率风险的重要性。考虑到我国利率市场受政府管制的国情，以及贷款利率已经确定在一段时间内保持不变的情况，认为我国推行反向抵押贷款可以采用单纯跳跃过程来预测未来的利率变动情况，并构建了利率波动模型，利用 1992 ~ 2012 年我国五年以上中长期贷款基准利率进行了实证研究，得出我国贷款利率的未来变动路径。并以一次性总额支付反向抵押贷款产品为例，构建了考虑贷款利率波动的定价模型，为下文构建综合定价模型做好铺垫。最后，简要分析了贷款机构可以采用那些措施进行贷款利率波动风险控制。

第6章

影响反向抵押贷款
定价的其他风险因素

对贷款机构而言，除上述三章谈到的借款人死亡率波动、住房价值波动和贷款利率波动三大风险因素之外，影响反向抵押贷款定价的风险因素还有很多，主要包括逆向选择和道德风险、流动性风险、政策调整、费用风险和价值观影响。

6.1　逆向选择风险和道德风险

逆向选择与道德风险是相互区别有紧密联系的，发生的前提是由于借贷双方的信息不对称。

6.1.1　逆向选择与道德风险的识别

逆向选择风险主要体现在：身体健康状况好，比较长寿的老年人参与反向抵押贷款的积极性越高，而身体状况差的老人往往不愿意参加此养老计划。导致借款人的未来平均余命长，贷款机构实际支付金额多于预期，遭受损失的可能性增大。道德风险体现在：贷款发放之后，借款人缺乏维护房屋的积极性，从而导致房屋损耗加速，贷款机构遭受损失的可能性增大。

逆向选择主要发生在贷款申请阶段。一般来说贷款机构无法知道申请者的未来寿命的长短，因此无法针对不同申请人进行差别定价。贷款机构只能根据生命表中不同年龄人具体的生存和死亡概率，来测算不同支付方式下反向抵押贷款的贷款期限、给付金额。因此预期寿命长的老人乐于申请，而健康状况差的老人不愿申请，导致申请人群的实际生存分布偏离按生命表计算的平均寿命，贷款机构遭受长寿风险的可能性加大。

道德风险主要发生在贷款申请之后的合同履行阶段，由于借款人对住房的维护不力造成住房的非正常损耗。当借贷合约成立后，借贷双方即形成了一种委托代理关系，即贷款机构委托借款人对住房进行维护，这时房主虽然仍拥有住房的使用权，但因所有权逐渐转移给贷款机构，缺乏足够的动机对房屋进行维护和修缮。由于借款人数量多，用以抵押的房屋分布分散，贷款机构亦难以对借款人行为进行跟踪监控，容易出现房屋贬值速度加快，合同结束时抵押房产价值小于贷款累积额的概率增大，贷款人因而遭受损失。

对于逆向选择导致贷款机构可能遭受长寿风险，已在第 2 章进行了详细分析，本部分侧重于道德风险的衡量与防范。

6.1.2　道德风险的衡量

魏玮（2007）[①] 运用效用理论的方法，对道德风险进行了定量的分析。假设借款人是风险中性的，除住房以外的初始禀赋为 w_0。由于申请住房反向抵押贷款的老人通常现金缺乏，因此这里认为 w_0 小于住房价值，反向抵押贷款的到期偿还必须靠出售房屋实现。在没有房屋维护的条件下，房屋的自然损耗为 d。此模型包含两个时期：第一个时期，借款人从贷款人处获得数量为 L，贷款利率为 r 的反向抵押贷款，并决定房屋维护费用为 m。假设通过生产函数 $f(m)$ 可以将投入的房屋维护费用的转化为房产的价值，它满足生产函数的基本特征，即 $f'(0) = \infty$，$f'(m) > 0$，$f''(m) < 0$。在第二个时期结束时，借款人用售房所得偿还贷款，设房屋在没有自然损耗下的价值为随机变量 H，其数额由市场决定，令 H 服从对数正态分布，即 $\ln H \sim N(u, \sigma^2)$。借款人在价值 H 实现前可以决定投入进行房屋维护的金额 m，而贷款机构无法观察到 m 的大小。在第二期结束房屋出售的收入为 $H - d + f(m)$。如果 $H - d + f(m) > L(1 + r)$，借款人会选

---

① 魏玮. 反向抵押贷款中的道德风险问题研究 [J]. 江西社会科学，2007，(7)：152-156.

择支付贷款，剩余部分归借款人或其继承人。如果 $H-d+f(m)<L(1+r)$，根据无追索权条款，借款人只需支付售房收入 $H-d+f(m)$。

通过上述分析，以借款人的效用最大化为目标函数建立数学模型，对没有反向抵押贷款时的最优化问题同获得反向抵押贷款后的最优化问题进行对比，得出如下结论：如果贷款人将贷款比例控制在一定范围内，道德风险将不会发生；如果借款人认为在贷款到期时，房屋价值有可能低于贷款累积值，那么维护不足这一道德风险行为就有可能发生。在这种情况下道德风险发生的概率 $P(H<L(1+r)+d-f(m))$。它与贷款积累值 $L(1+r)$、房屋的自然损耗 d 成正相关，与生产函数 $f(m)$ 呈负相关。

6.1.3　道德风险的防范

逆向选择和道德风险是无法完全规避的，但可以通过控制贷款比例、改进产品设计、建立激励约束机制等方法进行防范，将风险程度降低。

1. 制定合理的贷款比例

贷款比例是指贷款总额占房屋评估价值的比例。限制贷款比例，使借款人预期的售房收入在支付完贷款本息后还有剩余，可以激励借款人维护房屋。借款人投入较多的维护费用，不仅可以使自己在有生之年享受较好的房屋品质，也可将房屋保值增值部分留给继承人分享。但贷款比例也不能过低，否则会影响反向抵押贷款的市场需求。因此应在充分考虑借款人年龄、住房升值潜力等基础上，进行合理的定价。

2. 改进产品设计，推出增值分享型产品

建议推出住房增值分享型反向抵押贷款，如果贷款期限结束时，住房价值的增值部分可由贷款机构与房主的继承人按事先约定比例分享，以促进借款人进行住房的合理维护。

3. 改进合约内容，建立对借款人的激励和约束机制

在借贷合约内容中增加对借款人维护住房的激励和约束的内容，可以从两方面入手。一方面，可以每隔几年对抵押住房进行评估，如房屋维护得当，并有升值，可适当增加借款人每期的支付额度，反之则减少支付额度；另一方面，可以在贷款金额中，预留一定的维护费用由第三方中介机构进行托管，如果抵押住房维护得好，评估后可支付一定的维护费用给房主，如果住房未合理维护，由贷款人委托专业机构维修，费用从预留金中支付。

4. 完善中介服务机构，建立高效的监管制度

尽管在合同履行中贷款机构不可能准确地观测借款人的行为，但可以通过高效的监管体系提高信息的透明度，从而达到监督和规范借款人的目的。可以重点培育房地产估价、物业管理、征信服务、律师事务所等中介机构，建立抵押物的年度等级复核制度和中介机构服务机构的信息共享机制。通过培育和完善中介服务市场，营造良好的外部环境，形成对借款人和贷款人的约束机制，从而有效地降低道德风险。

6.2　流动性风险

6.2.1　风险识别

反向抵押贷款周期长，资金占用多，而且回收慢，如果贷款机构的资金来源和支付不能匹配，将面临严重的流动性风险。具体来说流动性风险主要包括两方面：支付风险和变现风险。

1. 支付风险

反向抵押贷款业务不仅在开办时需要大量的投入资金，而且要在之后的很长一段时间持续不断地向借款人支付，支付的金额累积起来数额巨大。另外为了避免非系统性风险，大规模运作是必要的，但用于支付的款项巨大，并且在长期内只有现金流出而无现金流入，这会使贷款机构出现严重的支付危机。

2. 变现风险

贷款期限结束后，根据合同约定，贷款人收回的不是现金，而是年久失修的住房。这些房屋能否通过出售、出租变现，成为住房反向抵押的成功与否的关键。目前，在中国的特殊国情下，贷款机构通过拍卖抵押住房所得的款项清偿贷款，在现实中难以操作。

支付风险和变现风险合力作用的结果是贷款机构的资金发放和回笼时间不一致引起资金周转困难。

金融机构的流动性风险受到多种因素的影响。资产负债期限不匹配、对利率变动的敏感性等都是导致流动性风险的重要原因，下面仅以银行为例进行说明。

存贷款期限转换是银行的核心业务之一，即将短期存款转变为长期的盈利资产。一般来说，商业银行从个人和经济实体及其他贷款机构介入短期存款与储备，然后转而贷款给其他客户。这种借短贷长的行为在银行的资产负债表中表现为资产和负债期限的不匹配，因而银行总要面临客户提现的压力。

当市场利率上升时，某些客户会将存款提现，转而投资更高报酬率的项目，而某些贷款客户可能会推迟新贷款的申请，或加速使用利率成本较低的信用额度。因此利率的便会对客户存款和贷款需求都会产生影响，从而影响到银行的流动性头寸。

6.2.2　流动性风险的衡量

衡量流动性风险的方法可以分为静态方法和动态方法。

1. 静态方法

流动性风险点静态衡量法指通过一些指标和比率，来反映商业银行在某个时点上的流动性水平。这些指标包括现金比率、存贷比率、核心存款跟总资产的比例、贷款总额与核心存款的比例、流动性资产与总资产的比率，流动性资产与易变负债的比例。这些指标大多反映流动性风险的某个方面，只有将他们综合起来，组成一个指标体系才能较全面地衡量金融机构的流动性风险。另外，不同机构的资产规模、经营理念都存在差异，因此这些指标并不存在一个固定的最优值，也不能简单地进行个体的比较。

2. 动态方法

对金融机构进行流动性缺口、融资缺口和现金流量分析。

（1）流动性缺口，是指在未来一定时期内，商业银行潜在的流动性需求与流动性供给的差额。流动性需求包括客户取款款、客户贷款、偿还存款之外的借款、运营费用和赋税、向股东支付红利等；流动性供给包括客户存款、非存客户款服务性收入、客户偿还贷款、出售银行资产、从货币市场借款等。反向抵押贷款的支付应属于流动性需求，合同结束时住房变现得到的资金应属于流动性供给。

（2）融资缺口分析，侧重于从融资角度进行现金流分析，即融资缺口＝预期的资金总需求量－预期的稳定资金来源，如表6-1所示。

表6-1 融资缺口分析

融资需求总量	稳定的资金来源
总资产融资额	股本
尚未使用的授信额度	长期负债
扣减：流动性资产	稳定的短期负债
扣减：短期、可自由处置的资金	尚未使用的融资能力

资料来源：范子文. 中国住房反向抵押贷款研究［M］. 北京：中国农业出版社，2011：234.

融资缺口体现了总的融资需求量与稳定资金来演的差额，被视为一种不稳定的融资，这部分金额需要金融机构通过不稳定负债来筹措。

（3）现金流量分析，是一种新型且实用性较强的流动性管理方法。金融机构可以把未来一段时间的现金流量区分为实际现金流量和潜在现金流量，如表6-2所示。

表6-2 现金流量分析

	现金流入	现金流出
实际现金流	即将到期资产 尚未到期的利息收入	即将到期的负债 固定贷款承诺 尚未到期负债的利息支出 零售存款的季节性变动
潜在现金流	可变现未到期资产 已建立的信用额度	活期存款 不固定的贷款承诺和其他表外活动

资料来源：同表6-1.

6.2.3　流动性风险的防范

为规避反向抵押贷款机构的流动性风险，人们设计了许多不同方案，如建立准备金，寿险公司作为贷款机构等方法。但是本书认为，化解贷款机构流动性风险的根本出路将实行反向抵押贷款证券化。

住房反向抵押贷款具备实现证券化的特征：（1）具有可预测的现金流，合同到期后，贷款机构可以将收回的房屋出售，用售房款偿还贷款本息；（2）贷款均以住房作抵押，具有同质性，且价值高；（3）借款人的规模较大，且具有分散性。待金融市场发展较完善时，我国政府可通过适当手段鼓励和引导住房反向抵押贷款证券化，使金融机构可以利用二级市场，实现资本的流动性、分散投资风险、获得资金支持，进一步推动反向抵押贷款业务的快速发展。具体流程如图6-1所示。

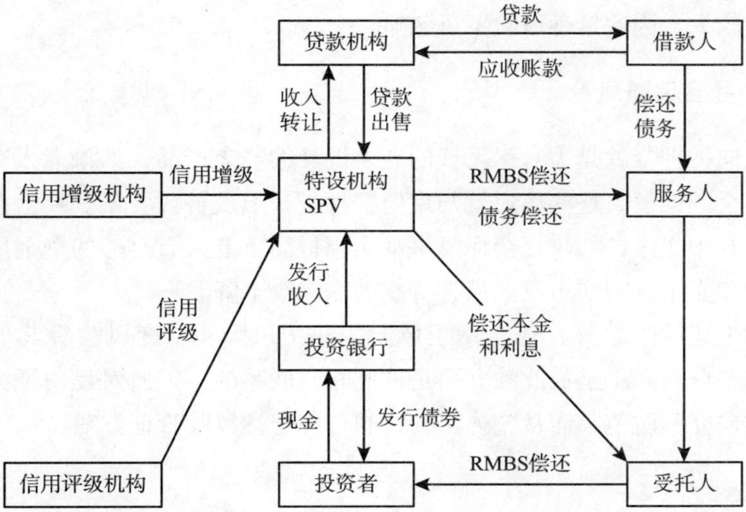

图6-1　反向抵押证券化基本流程

资料来源：范子文. 中国住房反向抵押贷款研究 [J]. 中国农业出版社，2011：238.

6.3　政策调整风险

反向抵押贷款的推行需要各方面政策的支持和配合。在长达十余年甚至几十年的时间当中，国家的土地、住宅使用政策、养老保障政策、金融政策等的走向难以把握，这些会对反向抵押贷款的运作造成影响。

1. 城市规划风险

反向抵押贷款在实施过程中，抵押房屋极有可能遇到城市规划调整、老城区改造等，将面临拆迁的风险。拆迁补偿款的额度将决定贷款机构的盈亏，而拆迁补偿金额是有政府决定的，贷款机构无法干预。目前，保险公司尚无如此大的经济实力，就住房拆迁予以保险，即使提供了保险，日后由于城区改造拆迁事由导致相应损失是，保险公司也无法做出大规模的赔付。由于反向抵押贷款期限长，有的可达几十年，城市规划变更和拆迁的几率较大，因此这种风险不可忽略。

2. 社会保障风险

反向抵押贷款是为有房无钱的老人设计的养老产品，如果老人有其他获得资金的渠道，这些渠道就与反向抵押贷款形成替代关系。社会保障收入就是其中之一，如果社会保障水平大幅提高，老人有足够的资金用于养老和医疗支出，则住房反向抵押贷款的需求会下降。

除上述风险之外，还有信用风险、违约风险、制度风险等其他的风险。这些风险并不是彼此独立而是彼此相互联系的。因此对反向抵押贷款风险的研究和防范，需从整体出发，制订综合性风险管理方案。

6.4　费用风险

贷款机构准备开展反向抵押贷款时，推广这项产品需要的一定前期研究和市场开拓的成本费用。例如，由于在我国目前人们对反向抵押贷款产品还不是很了解，贷款机构需要花费大量费用用于市场开拓及营销；还有就是相关法律、法规的制定所产生的费用等。住房反向抵押贷款项目运行费用高，市场风险大，干扰因素多，需要进行试点和实验来确定管理与销售的最有效方法。而且从另一方面来说，推出的产品可能会失败，即使成功推出，也可能因为市场很小，无法弥补期间费用。这些先期费用对于预期的承贷方肯定是一种风险。

6.5　价值观风险

首先，我国传统养老观念很难在短时间有所改变。对国人来说，住房是家庭凝聚力的地方，而反向抵押贷款强调的是房产产权交易来实现第三方养老，不仅对老人来说很难理解，其子女也会因为可能面临的舆论谴责而难以接受。其次，我国老年人消费观念非常淡薄，即便是很多家庭收入颇高的老年群体依然坚守基本的温饱生活，这与反向抵押贷款业务倡导的高品位、高质量的老年生活消费观格格不入。再者，由于历史等诸多因素，目前国内老年人基本上受教育程度都不高，这在一定程度上影响了其认知接受能力。对于新事物的态度基本上是持观望或是回避的态度，这一部分原因是对反向抵押贷款业务的不熟悉，另一方面是即使明白是什么也因为其操作风险较大或较为复杂而不愿意选择。

除了上述影响因素以外，我国反向抵押贷款业务的推出还要受到个人信用评估机制尚未健全、担保抵押制度的功能有限、住房贷款保险险种贫乏以及我国社会保障制度配套改革滞后、社会慈善事业不发达等诸多因素的制约；另外，如果将这种产品证券化，那么证券市场风险将是反向抵押贷款业务要着重考虑的一种风险。

6.6　本 章 小 结

本章对影响反向抵押贷款定价的其他风险因素，具体包括逆向选择与道德风险、流动性风险、政策风险、费用风险和价值观风险进行了展开分析。本章对上述五项风险分别从风险识别的角度分析了各自对反向抵押贷款的运作以及定价的影响，重点针对逆向选择和道德风险，以及流动性风险的衡量方法进行了探讨，并分别提出了各项风险防范的建议。

这些风险因素也是影响反向抵押贷款定价的重要因素，但由于其自身特点，以及现有风险衡量方法的限制，无法在反向抵押贷款定价模型中具体体现。但上述风险可以通过合理的产品设计，采取适当的风险管控措施等方式达到有效控制风险的目的。

第 7 章

反向抵押贷款定价
模型体系的构建

7.1　定价方法的理论选择与评析

以往在进行反向抵押贷款定价时，通常贷款机构通过分析得出未来现金流的合理预测值，然后根据所承担的各种风险预先设定与之相适应的风险回报率，以此作为衡量风险大小的标准。最为典型的是贴现现金流模型，利用资本资产定价模型（CAMP）的基本思想，即必要的风险回报率等于无风险利率加上风险溢价。这类定价方法存在明显的缺陷：第一，反向抵押贷款的定价严重依赖于预期的风险回报率水平，而该数值的确定带有很强的主观因素，第二，预期的未来现金流也是一种静态的主观估计值，因此难以反映贷款机构真实承担的风险状况。

风险中性是相对于风险偏好和风险厌恶的概念，假设投资者对待风险的态度是中性的，投资者对自己承担的风险并不要求风险补偿，因而所有证券的预期收益率都是一样的无风险利率。风险中性的定价原理，是假设所有投资者都是风险中性的，或者是在一个风险中性的经济环境中决定价格，任何证券的预期回报率都应该等于无风险利率，将未来收益或损失的期望值用无风险利率折现，即可求出此证券的价格。我国金融机构在进行反向抵押贷款定价时应考虑两个方面：一是反向抵押贷款在开展初期无法形成一个标准化的公开交易市场，每份贷款均可能存在差异；另外，影响反向抵押贷款定价的主要三大风险因素的未来走势具有较强的可预测性。基于上述考虑，风险中性定价方法与传统的主观估算风险调整折现率的方法相比，能更客观准确地反映和度量贷款机构承担的各种主要风险，更适合反向抵押贷款的定价。

定价模型的构建采用资产定价理论的风险中性定价法，基本思路是通过对可能影响定价的各种风险因素的未来变化情况分别进行模拟预测，进而得到现金流未来可能发生的各种状况，然后在每种状况下使用无风险利率进行贴现，最后采用各种情况发生的概率进行加权求均值作为资产的最终价格。

通过前面的章节的分析，已经找出了影响反向抵押贷款的各种主要风险因素，包括住房价格波动、由借款人的未来寿命决定的贷款期限，以及未来贷款利率的变动等。通过对这些因素的未来波动情况进行仿真模拟，找到了它们的波动的发展规律。因此，采用风险中性定价法能够比以往的预先设定风险回报率的方法能更全面客观地反映和衡量贷款机构所承担的各种风险。

陈近（2010），柴晓武、杨梦（2012）曾使用风险中性的思想进行反向抵押贷款定价研究，构造了基于房价和利率的双因素波动定价模型。他们认为在反向抵押贷款的借贷关系中，借款方的现金流入是从贷款机构支付的贷款金额，贷款方的现金流入包括借款人支付的初始费用和合同结束时抵押房产的变现金额两部分。基于借贷双方收支平衡的原则，他们建立的定价模型的基本公式是：

借款人可获得的贷款在期末的累积余额 = 贷款结束时住房资产价值 + 贷款初始费用按贴现率累积到贷款结束时的数额

如果按此公式计算，在其他条件相同的情况下，贷款初始费用越高，借款人可获得的贷款的金额越高。反向抵押贷款的借款人是资金缺乏的老人，因此初始费用一般从其可获得贷款金额中扣减。而借款人的贷款比例严格受到抵押住房价值的约束，如果在期初扣除借款人需承担的高额的初始费用，则其可获得的贷款必然会减少，据此判断上述定价模型的逻辑推理不甚合理。初始费用主要是办理贷款的手续费和支付给第三方的服务费，主要包括保险费、房产价值评估费、借款人健康状况评估费用、申请人强制咨询费等，按照国外操作惯例此部分费用一般由借款申请人支付。

但初始费用不应算作贷款方的现金流入，应作为建立整个借贷关系的成本，因此，贷款方应将借款申请人需支付的费用从根据期末住房价值预期计算的贴现值中进行扣减，剩余金额为借款人实际可获得的贷款额度。若以贷款合同结束时作为比较时点，合理的基准定价公式为：

借款人可获得的贷款在合同期末的累积余额＝合同期末时住房资产价值－借款人应支付的初始费用按无风险利率累积到贷款结束时的数额

基于上述学者的定价方法，本书修正了其基准定价模型的逻辑谬误，同时增加考虑借款人群死亡率不断改善对定价结果的影响，构建基于利率波动、房价波动和未来寿命波动的三因素动态定价模型。

7.2　影响反向抵押贷款定价的其他要素分析

影响反向抵押贷款定价的因素有很多，其中最重要的是相关风险的分析，第 3 章至第 6 章已经分别予以了展开阐述。除此以外，反向抵押贷款的产品定价同贷款的支付方式，是否允许借款人提前清偿贷款赎回产权以及借款人的生命状态也有十分密切的关系。不同的产品设计决定了贷款机构的未来的现金流模式，定价模型也有较大差异。

7.2.1　反向抵押贷款的支付方式

反向抵押贷款的定价同贷款的支付方式也有着密切的关系，不同的支付方式决定了贷款机构的现金流分布情况，因此定价模型也互不相同。在国外开办反向抵押贷款的实践中，贷款的具体给付方式通常有一次性总额支付、终身年金支付、定期年金支付、最高信用额度内按需支付、混合支付五种方式，可以由借款人在申请时根据自身需要进行选择。给付方式不同，决定了产品的定价模型和具体的领取金额均有较大不同。

1. 终身年金支付方式

反向抵押贷款设计的本意是希望补充老年人的养老需求，为其提供长期稳定的现金流，无论借款人的实际寿命有多久，均可以得到养老资金保证。从这个角度分析，终身年金支付方式是最为符合反向抵押贷款本意的形式。

终身年金支付方式是年金支付形式的一种，只要借款人仍然居住在抵押的住房中，贷款机构就需要按照双方合同约定的金额和时间定期把贷款支付给借款人。这种支付方式是贷款机构将未来可获得的住房价值在借款人的未来生存期间进行持续、等额的系列支付。选择这种方式，对于补贴老年人的基本生活费，满足其基本生活需要是有保障的。但这种支付方式也有一个明显的缺陷，老年人在不同阶段的消费状况可能完全不同，比如发生重大疾病或者一些意外事故，需要额外的大额费用支出，这时就很难有足够的贷款资金能满足需求。如果考虑通货膨胀的因素，随着时间的推移，老人的实际生活水平是下降的。

采用这种支付方式，贷款机构需要承担较大的长寿风险。它相当于借款人用住房的价值向贷款机构购买了一份终身生存年金。借款人活的时间越久，可获得的金额数就越多，活的时间越短，支付的金额就越少。因此，在贷款合同结束时，房产价值可能不等于贷款的累积值。

2. 定期年金支付方式

定期年金支付方式与终身年金支付方式的不同在于限定了年金给付年限，在此期间贷款人按照约定金额定期向借款人支付贷款，直到约定年限结束。一般来说，在给付期结束后，借款人仍然可以继续在抵押房屋内居住，直至去世、永久搬离和出售住房。

定期支付方式下，在约定的固定期限内无论借款人是否生存，贷款机构都需要支付年金直到约定期满。由于每期的金额确定且领取期限确定，因此贷款机构的现金流是可以完全确定的，贷款机构在这种支付方式下，可以规避一定的长寿风险。这种支付方式存在明显的缺点，如果支付期满时，借款仍然生存但已无法从贷款机构获得资金来源，有时还需按合同约定搬离住房，将房产变现清偿前期债务，这时会产生恶劣的负面社会效应。因此，部分国家已经明令禁止采用这类支付方式。

3. 一次性总额支付方式

这种支付方式是借款申请人一次性释放了所有的房屋产权，将其转换为期初一次性贷款收入。在操作上，一般由借贷双方聘请独立的专业中介机构对房产价值进行评估，确定一个合理的评估价值，在扣除相关费用和必要的利息后，借款人可以一次性地领取全部的贷款。

借款人可以利用获得的贷款，自主进行财务安排，如可以向寿险公司购买养老保险，来保障自身后续的费用支出，也可入住养老机构，获得必要的看护服务。一般在无大额开销的情况下，借款人不会选择此种养老方式，因为越早领完贷款，支付的利息越多，而且今后由于其他原因再需要大笔资金时，就难以应对。另外，一次性总额支付贷款，金额巨大，合同结束时，借款人或其继承人很难获得足够的资金来源清偿贷款累积债务，住房赎回的可能性小。再者，老年人一般不太熟悉金融业务，没有能力将得到的大笔现金进行有效投资。在实践中，反向抵押贷款的复杂程度和成本远比普通的抵押贷款和房产置换高，容易出现借款人仍在生存，但贷款金额全部用完的困境。

4. 信用额度支付方式

信用额度支付方式是指贷款机构根据借款人的年龄、住房价值、市场利率和房产价值波动预测等因素，确定一个借款人最高可贷款限额，借款人可以在合同有效期内按照自身需要一次或者多次随意支取，直至贷款金额全部支付完毕时。这种方式赋予借款人很大的灵活性，利息按实际支取金额和时间计算，有利于减轻借款人负担，因此是国外最受欢迎的支付方式。

借款人不一定在贷款一开始就借款，何时支取、支取多少均有借款人自己决定，未支取的贷款额度看做备用资金。如果贷款期内，借款人提取的金额有限，仅占住房价值的一少部分，合同到期时借款人或其继承人可以很容易地还清贷款，保留住房。

信用额度支付方式，比较适合生活相对富裕，有稳定资金来源的老人，还适用于住房价值较高，平时收入或储蓄难以承担日后可能发生的大额支出（如医疗费用）的老人。他们的日常生活通常有足够保障，申请反向抵押贷款，只为在有紧急需要或偶然性的大笔支出是，有大笔资金可以应对。

5. 混合支付形式

混合支付形式是把信用额度支付和年金支付两种方式组合起来，满足借款人的不同财务目标。通常的做法是首先确定一个信用额度，在信用额度内借款人可以随意支取；信用额度之外的剩余资金可以购买一个终身养老年金或定期养老年金，进行规律性固定支付。这种支付方式也很受借款申请人欢迎。

不同的支付形式的反向抵押贷款具有不同的现金流特点，借款人可按照不同需求进行选择。一般年龄较低，住房价值不高，而且有稳定的养老金来源的借款人适合采用信用额度支付或一次性总额支付的方式；而年龄较高，房屋价值也较大，收入相对不稳定的老年人适合选取年金支付方式。我们国家具体推出是，应设计多样化、多层次的产品体系，满足借款人需求。

下文将以最有代表性的一次性总额支付方式和终身年金支付方式为例，对反向抵押贷款进行产品定价研究。

7.2.2　无赎回选择权与有赎回选择权

在反向抵押贷款合同有效期间，根据借款人是否可以将住房的抵押权提前赎回，将产品分为无赎回权反向抵押贷款和有赎回权反向抵押贷款。

1. 无赎回权反向抵押贷款的概念界定

所谓无赎回权反向抵押贷款，是指借款人或其继承人在房主死亡之前，不能通过清偿贷款本息累积额的方式把住房抵押权赎回的反向抵押贷款形式。当借款人去世之后，贷款合同结束，房屋由贷款机构收回进行出售、出租等方式变现，用所获款项偿还前期贷款本息。由于住房的抵押权不能提前赎回，因此贷款期限的长短直接与借款人的未来寿命相关。

住房是否可以被提前赎回是影响贷款机构现金流的一个主要因素。对于无赎回权的反向抵押贷款，贷款利率波动会影响到贷款到期时的累积金额，借款人的未来寿命会影响到贷款期限的长短，房价波动会决定到期时的房产价值，三者共同影响了贷款机构的实际收益。如果允许借款人提前赎回，上述波动因素还会导致反向抵押贷款的提前偿还风险。

2. 有赎回权反向抵押贷款的概念界定

国内的研究者范子文（2011）首次将反向抵押贷款按照有赎回权和无

赎回权的方式进行了分类定价。他对无赎回权反向抵押贷款主要采用了米切尔等（Mitchell et al.，2004）[①] 设计的住房反向抵押贷款精算定价模型，在给定利率、房产增值率、各年龄人生存率的基础上，计算单个借款人可领的贷款总额和以年金方式领取每期的金额数。对有赎回权产品提出了利用欧式期权定价的方法。

范子文博士认为的赎回权是指，"在贷款期限结束时（一般指房主死亡时），还款人（借款人或其继承人）面临的两种选择：一种是由还款人将前期贷款本息总额还清，把抵押的房屋产权赎回，房子归还款人所有。另一种选择是住房由贷款机构收回，并进行拍卖，售房款全部归贷款机构所有。如果售房款小于贷款累积的本息总额，根据无追索权条款，贷款机构无权向借款人或其继承人追偿不足的部分，这是住房交由贷款机构处理。如果住房价值高于贷款累积的本息总额，就会选择偿还贷款累积总额，将抵押权赎回，差额归借款人或其继承人所有。"[②]

通过对国外反向抵押贷款文献的研究，可以发现范子文对赎回权的理解与一般意义上对赎回选择权的理解并不相同。美国 HECM 的一般做法是，贷款到期后如果贷款机构售房款金额大于贷款累积余额，在还清贷款本息后的剩余部分仍归借款人或其继承人所有，因此在贷款到期时并无选择权。一般意义上的可赎回选择权是指在贷款到期前的约定时间，借款人可以选择偿还之前的贷款本息和，收回住房抵押权，提前结束贷款合同。因此在有赎回权条件下，贷款机构需要面临借款人是否选择提前还款的风险。

赎回权设计可以有两种方式：一种是允许借款人可以在合同签订时开始到贷款到期日之间的任一时点提前赎回抵押权；另一种是允许借款人可以在合同签订的 t 年后起至合同到期日之间的任一时点提前赎回，贷款机构可分别进行价格测算，供借款人选择。这种安排相当于是在一个无赎回权的反向抵押贷款的基础上，加入一个美式期权的选择项。也就是说在开始合同订立时，默认此产品是无赎回权的，如果借款人希望获得可提前赎回的权利，就需要他在申请时多支付一笔期权费。

---

① Mithell，O. S. and Piggott，J. Unlocking Housing Equity in Japan［J］. Journal of the Japanese and International Economies，2004，18（4）.

② 范子文. 中国反向抵押贷款研究［M］. 中国农业出版社，2011.

这种操作方式有几个优点：一是增加了可提前赎回选择权，体现了反向抵押贷款产品的多样性和灵活性，增加了对客户的吸引力；二是贷款机构可以根据客户对赎回权的选择情况，更准确地掌握未来现金流的状况，有利于其整体财务安排和风险管控；三是对于借款人来说，可以根据其自身的家庭结构、财务状况和对未来风险的预测和把握等因素选择适合自身的产品，达到贷款成本的最小化。

7.2.3　单生命状态与双生命状态

单生命状态是指单个借款人申请反向抵押贷款的情况，住房产权归借款人独有，因此在单生命状态下，只需要考虑此借款人的未来寿命，将此作为贷款的最长期限。在定价中，贷款价格根据它等于贷款机构的现金流的期望现值来进行计算，因此需要考虑借款人在未来每一年度的死亡率。

关于 x 岁的人在指定年内死亡概率的计算方法如下：假设借款人申请贷款时的年龄为 x 岁，按照寿险精算的书写习惯，用 p_x 表示 x 岁的人在 $x+1$ 岁时仍然生存的概率；q_x 表示 x 岁的人在下一年内死亡的概率；$_{t-1}|q_x$ 表示 x 岁的借款人在未来第 t 年之间死亡的概率；$_tp_x$ 表示 x 岁的人在未来 t 年仍然生存的概率；q_{x+t-1} 表示 $x+t-1$ 岁的人在下一年度死亡的概率。上述变量存在如下的换算关系。

$$p_x + q_x = 1$$

$$_tp_x = p_x \cdot p_{x+1} \cdot p_{x+2} \cdots p_{x+t-1}$$

$$\begin{aligned}
_{t-1}|q_x &= {_{t-1}p_x} - {_tp_x} \\
&= {_{t-1}p}(1 - {_tp_x}) \\
&= {_{t-1}p_x} \cdot q_{x+t} \\
&= p_x \cdot p_{x+1} \cdot p_{x+2} \cdots p_{x+t-2} \cdot q_{x+t-1} \\
&= (1 - q_x)(1 - q_{x+1}) \cdots (1 - q_{x+t-2})q_{x+t-1}
\end{aligned} \tag{7.1}$$

双生命状态的反向抵押贷款是指夫妻两人作为一个整体，以共有住房为抵押申请反向抵押贷款，当夫妻两人最后一人去世时合同到期，贷款机构才能收回房产处理变现，偿还贷款值。

这种双生命状态在精算学中称为最后生存者状态可以用 $(\overline{xy})$ 表示，其中 x 表示申请时男性的年龄为 x 岁，y 表示申请时女性的年龄为 y 岁，此时贷款期限应等于两人中最后生存者的未来寿命。关于最后生存者状态的借款人在指定年内的生存率和死亡概率的计算方法，应按照精算中的生存分布基础进行生存和死亡概率的计算。

假设 (x) 和 (y) 两个借款人是相互独立的个体，且在各年度内死亡服从均匀分布（UDD）假定，可以利用生命表计算 $_{t-1}|q_{\overline{xy}}$ 和 $_{t-1}p_{\overline{xy}}$ 的值。

$$_{t-1}|q_{\overline{xy}} = {}_{t-1}p_x \cdot q_{x+t-1} + {}_{t-1}p_y \cdot q_{y+t-1} - {}_{t-1}p_x \cdot {}_{t-1}p_y \cdot q_{x+t-1:y+t-1}$$

$$= {}_{t-1}p_x \cdot q_{x+t-1} + {}_{t-1}p_y \cdot q_{y+t-1} - {}_{t-1}p_x \cdot {}_{t-1}p_y (q_{x+t-1}$$
$$+ q_{y+t-1} - q_{x+t-1} \cdot q_{y+t-1})$$

$$= (1 - {}_{t-1}p_y){}_{t-1}p_x \cdot q_{x+t-1} + (1 - {}_{t-1}p_x){}_{t-1}p_y \cdot q_{y+t-1}$$
$$+ {}_{t-1}p_x \cdot {}_{t-1}p_y \cdot q_{x+t-1} \cdot q_{y+t-1}$$

$$= (1 - {}_{t-1}p_y){}_{t-1}|q_x + (1 - {}_{t-1}p_x){}_{t-1}|q_y - {}_{t-1}|q_x \cdot {}_{t-1}|q_y \quad (7.2)$$

$$_{t-1}p_{\overline{xy}} = {}_{t-1}p_x + {}_{t-1}p_y - {}_{t-1}p_x \cdot {}_{t-1}p_y \quad (7.3)$$

7.3 一次性总额支付方式下无赎回权反向抵押贷款定价模型

定价模型的构建是基于贷款机构在整个借贷过程中收入和支出平衡的原则建立的，即贷款到期时贷款机构在贷款期限内所有收入的现值等于所有贷款支出的现值。

一次性总额支付方式下，申请人与贷款机构签订反向抵押贷款合同后，将房产作为抵押，贷款机构将贷款总金额在期初一次性全部支付给借款人，之后不再有贷款支付发生，借款人去世贷款期限结束，贷款机构将借款人住房收回处理变现，用于偿还贷款本息。整个贷款期间的现金流分布情况可用图 7-1 的时间流程图具体描述。

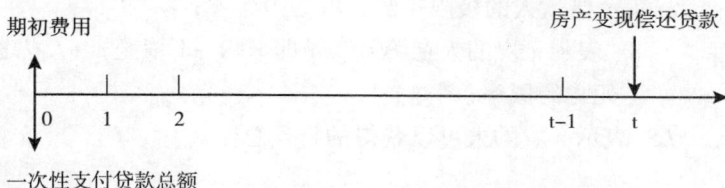

图 7-1 一次性总额支付方式下现金流的时间流程图

根据图 7 - 1 所示的现金流分布,可以建立基本的等价关系,即贷款机构发放贷款在合同到期时的积累值应等于整个贷款期间其可获得现金流入的积累值。贷款机构的现金流入由两部分决定,一部分是合同到期时收回的住房变现后价值,另一部分是初始费用,作为建立合同的成本其累积值应当从贷款机构收入中扣减,进而可以得出如下等式:

贷款机构发放贷款的累积值 = 期末抵押房产变现收入 - 期初费用在合同期满时的积累值

7.3.1 单生命状态下的定价模型

根据上述等价关系,在第 t 年末合同终止时,贷款机构发放贷款的累积值为 $LS_x \prod_{s=1}^{t} (1 + r_s)$,房产的预期价值为 $H_0 \prod_{s=1}^{t} (1 + g_s)(1 - \beta)^t$,期初费用的积累值为 $\alpha H_0 (1 + r)^t$,同时考虑在合同期间各年度借款人的死亡率,可以计算在期初时的一次性支付的贷款总金额为

$$LS_x = \sum_{t=1}^{\omega - x + 1} \left[\frac{H_0 \prod_{s=1}^{t} (1 + g_s)(1 - \beta)^t - \alpha H_0 (1 + r)^t}{\prod_{s=1}^{t} (1 + r_s)} \right] \cdot {}_{t-1 \mid} q_x \quad (7.4)$$

其中:x 表示借款人申请时的年龄为 x 岁;

t 表示贷款终止的时刻,即借款人死亡年龄为 $x + t$;

r 表示无风险利率;

g_s 表示贷款申请后第 s 年住房价值的年增长率;

β 表示住房的年折旧率;

α 表示贷款初始的费用率;

r_s 表示贷款申请后第 s 年的贷款利率;

ω 表示借款人的极限年龄,取为 105 岁;

${}_{t-1 \mid} q_x$ 表示 x 岁的人在第 t 年(即 $x + t - 1$ 岁至 $x + t$ 岁之间)死亡的概率;

LS_x 表示 x 岁的人可以获得的贷款总额。

7.3.2　双生命状态下的定价模型

双生命状态反向抵押贷款是指夫妻两人作为一个整体，以共有住房为抵押申请反向抵押贷款，当夫妻两人最后一人去世时合同到期，贷款机构收回房产处理变现，偿还贷款值。定价模型如下：

$$LS_{\overline{xy}} = \sum_{t=1}^{\omega-x+1} \left[\frac{H_0 \prod_{s=1}^{t} (1+g_s)(1-\beta)^t - \alpha H_0 (1+r)^t}{\prod_{s=1}^{t} (1+r_s)} \right] \cdot {}_{t-1|}q_{\overline{xy}} \qquad (7.5)$$

定义参数：

$\overline{xy}$ 表示最后生存者状态下的两个借款人，其中 x 表示申请时男性的年龄为 x 岁，y 表示申请时女性的年龄为 y 岁；

t 表示贷款期限为两人中寿命较长者的剩余寿命；

r 表示无风险利率；

g_s 表示贷款申请后第 s 年住房价值的年增长率；

β 表示住房的年折旧率；

α 表示贷款初始的费用率；

r_s 表示贷款申请后第 s 年的贷款利率；

ω 表示借款人的极限年龄，取为 105 岁；

${}_{t-1|}q_{\overline{xy}}$ 表示两人中寿命较长者在第 t 年内死亡的概率；

$LS_{\overline{xy}}$ 表示 $\overline{xy}$ 可以获得的贷款总额。

7.4　终身生存年金支付方式下无赎回权反向抵押贷款定价模型

终身生存年金支付是指申请人与贷款机构签订反向抵押贷款合同后，将房产作为抵押，贷款机构在每年（月）初将固定金额的年金支付给借款人，借款人去世后，贷款期限结束，贷款机构将借款人住房收回处理变现，用于偿还贷款本息。整个贷款期间的现金流可用图 7 - 2 的时间流程图具体描述。

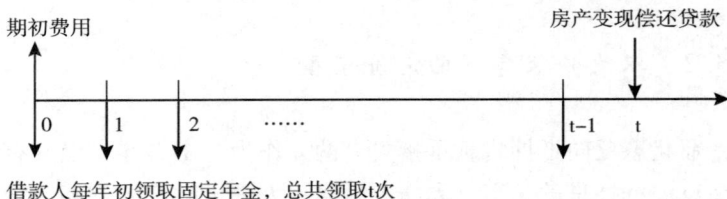

图 7-2　终身年金支付方式下现金流时间流程图

如图 7-2 所示，定价模型建立的基本原则是：到贷款期限结束时借款人获得的年金本息积累值等于贷款机构可获得的现金流在期末的积累值。据此，区分单生命状态与双生命状态分别构建定价模型如下：

7.4.1　单生命状态下的定价模型

终身生存年金支付方式下单生命状态的无赎回选择权反向抵押贷款的产品，存在下列价值等式：

$$\sum_{t=1}^{\omega-x+1} AR_x \cdot {}_{t-1}p_x \prod_{s=1}^{t}(1+r_s) = \sum_{t=1}^{\omega-x+1}\left[H_0 \prod_{s=1}^{t}(1+g_s)(1-\beta)^t - \alpha H_0(1+r)^t\right] \cdot {}_{t-1|}q_x$$

(7.6)

公式左边表示借款人可能获得的现金流在贷款结束时的积累值的期望，公式右边表示贷款机构获得的资金收入在贷款期末积累值的期望，二者应当相等。

由此可解出借款人申请反向抵押贷款，每期初所能获得的年金额度为：

$$AR_x = \frac{\sum_{t=1}^{\omega-x+1}\left[H_0 \prod_{s=1}^{t}(1+g_s)(1-\beta)^t - \alpha H_0(1+r)^t\right] \cdot {}_{t-1|}q_x}{\sum_{t=1}^{\omega-x+1}{}_{t-1}p_x \prod_{s=1}^{t}(1+r_s)}$$

(7.7)

其中：

x 表示借款人申请时的年龄为 x 岁；

AR_x 表示 x 岁的借款人每年初领取的年金额；

t 表示贷款终止的时刻，即借款人死亡年龄为 $x+t$；

r 表示无风险利率；

g_s 表示贷款申请后第 s 年住房价值的年增长率;

β 表示住房的年折旧率;

α 表示贷款初始的费用率;

r_s 表示贷款申请后第 s 年的贷款利率;

ω 表示借款人的极限年龄,取为 105 岁;

$_{t-1}|q_x$ 表示 x 岁的人在第 t 年(即 $x+t-1$ 岁至 $x+t$ 岁之间)死亡的概率;

LS_x 表示 x 岁的人可以获得的贷款总额。

7.4.2　双生命状态下的定价模型

根据贷款期限结束时借款人($\overline{xy}$)获得的年金本息积累值等于贷款机构可获得的现金流在期末的积累值的基本原则,可以构建下列等价关系式:

$$\sum_{t=1}^{\omega-x+1} AR_{\overline{xy}} \cdot {}_{t-1}p_{\overline{xy}} \prod_{s=1}^{t} (1+r_s)$$

$$= \sum_{t=1}^{\omega-x+1} \left[H_0 \prod_{s=1}^{t} (1+g_s)(1-\beta)^t - \alpha H_0 (1+r)^t \right] \cdot {}_{t-1}|q_{\overline{xy}} \qquad (7.8)$$

等式左边表示借款人 $\overline{xy}$ 可能获得的现金流在贷款结束时的积累值的期望,等式右边表示贷款机构获得的资金收入在贷款期末积累值的期望值,二者应当相等。

由此可解出借款人 $\overline{xy}$ 申请反向抵押贷款每年初所能获得的年金额度为:

$$AR_{\overline{xy}} = \frac{\displaystyle\sum_{t=1}^{\omega-x+1} \left[H_0 \prod_{s=1}^{t} (1+g_s)(1-\beta)^t - \alpha H_0 (1+r)^t \right] \cdot {}_{t-1}|q_{\overline{xy}}}{\displaystyle\sum_{t=1}^{\omega-x+1} {}_{t-1}p_{\overline{xy}} \prod_{s=1}^{t} (1+r_s)} \qquad (7.9)$$

根据寿险精算的计算方法,可以利用生命表计算 $_{t-1}p_{\overline{xy}}$ 的值。

$$_{t-1}p_{\overline{xy}} = {}_{t-1}p_x + {}_{t-1}p_y - {}_{t-1}p_x \cdot {}_{t-1}p_y \qquad (7.10)$$

7.5　一次性总额支付方式下赎回权定价模型

本书理解的可提前赎回选择权,其实是在无赎回权反向抵押贷款的基础上植入一个美式期权。也就是说在签订反向抵押贷款合同时，默认此产品是无提前可赎回权的，如果借款人希望获得这项选择权，需要在申请时额外支付一笔期权费。这样在开始定价时，可先不区分是否具有可提前赎回权，即首先按照无赎回权反向抵押贷款进行定价计算，然后再单独计算此选择权的价格，在借款人可获得的无赎回权贷款金额中予以扣除即可。

无赎回权反向抵押贷款的定价方法在前文已经介绍，因此下文在此基础上重点介绍赎回权的价格计算模型。

7.5.1 单生命状态下的赎回权定价模型

基于借款人理性的假设前提下，即在 $x + t$ 时，如果以当时的条件重新申请反向抵押贷款可获得的贷款价值高于偿还前期贷款和需要支付的初始费用总额时，借款人有利可图，他会选择行使赎回权，反之则不行权。

据此，赎回权价格的计算步骤如下：

（1）时刻 t 时的房价的预测值：$H_t = H_0 \prod_{s=1}^{t} (1 + g_s)(1 - \beta)^s$

（2）在时刻 t 申请反向贷款需要支付的初始费用：$\alpha H_t = \alpha H_0 \prod_{s=1}^{t} (1 + g_s)(1 - \beta)^s$

（3）需要偿还的前期贷款本息值为：$LS_x \prod_{s=1}^{t} (1 + r_s)$

（4）申请人在 $x + t$ 时，以当时的条件重新申请反向抵押贷款可获得的一次性贷款额度值应按照无赎回权的反向抵押贷款产品定价模型进行计算，为：

$$LS_{x+t} = \sum_{u=1}^{\omega-x-t} \left[\frac{H_t \prod_{s=1}^{u} (1 + g_s)(1 - \beta)^s - \alpha H_t (1 + r)^s}{\prod_{s=1}^{u} (1 + r_s)} \right] \cdot {}_{u-1|}q_{x+t}$$

（5）判断是否行权：若 $LS_{x+t} - aH_t - LS \prod_{s=1}^{t} (1 + r_s) > 0$ 时，借款人行使赎回权；若 $LS_{x+t} - aH_t - LS \prod_{s=1}^{t} (1 + r_s) < 0$，则不会行使赎回权。

（6）赎回权的价格是指可能发生的行权收益在起初贴现值的期望，即

赎回权最终定价为:

$$P = \sum_{t=1}^{\omega-x+1} \frac{LS_{x+t} - \alpha H_t - LS_x \prod_{s=1}^{t} (1 + r_s)}{(1 + r)^t} \cdot {}_t p_x \qquad (7.11)$$

（7）有赎回权的条件下，借款人实际可获得的贷款价值 LS'_x 应当用无赎回权下获得的借款额度减去赎回权价格。

$$LS'_x = LS_x - P$$

7.5.2　双生命状态下的赎回权定价模型

在双生命状态下，对于贷款期限需要按照借款人夫妻双方中最后去世者的生存时间进行计算。计算原理与单生命状态下的相同，具体计算步骤如下：

（1）t 时刻的房价预测值，$H_t = H_0 \prod_{s=1}^{t} (1 + g_s)(1 - \beta)^s$

（2）在时刻 t 时申请反向贷款需要支付的初始费用: $\alpha H_t = \alpha H_0 \prod_{s=1}^{t} (1 + g_s)(1 - \beta)^s$

（3）需要偿还的前期贷款本息值为: $LS_{\overline{xy}} \prod_{s=1}^{t} (1 + r_s)$

（4）则申请人在 $x + t$ 时重新申请反向抵押贷款，可获得的一次性贷款额度值应按照无赎回权的反向抵押贷款产品定价模型进行计算为:

$$LS_{\overline{x+t:y+t}} = \sum_{u=1}^{\omega-x-t} \left[\frac{H_t \prod_{s=1}^{u} (1 + g_s)(1 - \beta)^s - \alpha H_t (1 + r)^s}{\prod_{s=1}^{u} (1 + r_s)} \right] \cdot {}_{u-1 \mid} q_{\overline{x+t:y+t}}$$

（5）判断是否行权: 若 $LS_{\overline{x+t:y+t}} - a H_t - LS_{\overline{xy}} \prod_{s=1}^{t} (1 + r_s) > 0$ 时，借款人行使赎回权；若 $LS_{\overline{x+t:y+t}} - a H_t - LS_{\overline{xy}} \prod_{s=1}^{t} (1 + r_s) < 0$ ，则不会行使赎回权。

（6）赎回权的价格是指可能发生的行权收益在起初贴现值的期望，即赎回权最终定价为:

$$P_{\overline{xy}} = \sum_{t=1}^{\omega-x+1} \frac{LS_{\overline{x+t:y+t}} - \alpha H_t - LS_{\overline{xy}} \prod_{s=1}^{t}(1+r_s)}{(1+r)^t} \cdot {}_t p_x \qquad (7.12)$$

（7）由赎回权的条件下，借款人实际可获得的贷款价值 LS'_x 应当用无赎回权下获得的借款额度减去赎回权价格。

$$LS'_{\overline{xy}} = LS_{\overline{xy}} - P_{\overline{xy}}$$

7.6 终身生存年金支付方式下赎回选择权定价模型

7.6.1 单生命状态下赎回权定价模型

假设借款人在时刻 t 提前行使赎回权偿还贷款，其行权价值为：

$$O_t = APV_{x+t} - aH_t - M_t$$

其中：

O_t 表示在时刻 t 时借款人行使赎回选择权可获得的收益

$$ARV_{x+t} = \sum_{s=1}^{\omega-x-t+1} \frac{AR_{x+t}}{(1+r)^s}$$

AR_{x+t} 表示以借款人以 $x+t$ 岁时的状态申请反向抵押贷款每期可获得的年金额，应按照无赎回权反向抵押贷款的定价进行测算。

$$AR_{x+t} = \frac{\sum_{u=1}^{\omega-x-t+1} \left[H_t \prod_{s=1}^{u}(1+g_{t+s})(1-\beta)^s - \alpha H_t (1+r)^u \right] \cdot {}_{u-1|}q_{x+t}}{\sum_{u=1}^{\omega-x-t+1} {}_{u-1}p_x \prod_{s=1}^{u}(1+r_{t+s})}$$

ARV_{x+t} 表示在 $x+t$ 岁时刻重新申请贷款，未来可获得的现金流的现值。

$M_{x+t} = \sum_{u=1}^{t} AR_x \prod_{s=u}^{t}(1+r_s)$，表示在 $x+t$ 岁时偿还前期贷款需要支出的金额。

赎回权价格的计算步骤如下：

（1）判断是否行权：若 $O_t > 0$ 时，借款人行使赎回权；若 $O_t < 0$ 时，

则不会行使赎回权。

（2）计算赎回权价格。

赎回权的价格是指可能发生的行权收益在期初贴现值的期望，即赎回权最终定价为：

$$P = \sum_{t=1}^{\omega-x+1} \frac{APV_{x+t} - aH_t - M_t}{(1+r)^t} \cdot {}_tp_x \tag{7.13}$$

7.6.2　双生命状态下赎回权定价模型

假设借款人在时刻 t 提前行使赎回权偿还贷款，其行权价值为：

$$O_t = APV_{\overline{x+t:y+t}} - aH_t - M_{\overline{xy+t}}$$

其中：

$$ARV_{\overline{x+t:y+t}} = \sum_{s=1}^{\omega-x-t+1} \frac{AR_{\overline{x+t:y+t}}}{(1+r)^s}$$

$AR_{\overline{x+t:y+t}}$ 表示两个借款人以 t 时的状态重新申请反向抵押贷款每期可获得的年金额，应按照无赎回权反向抵押贷款的定价进行测算。

$$AR_{\overline{x+t:y+t}} = \frac{\sum_{u=1}^{\omega-x-t+1} \left[H_t \prod_{s=1}^{u} (1+g_{t+s})(1-\beta)^s - \alpha H_t (1+r)^u \right] \cdot {}_{u-1|}q_{\overline{x+t:y+t}}}{\sum_{u=1}^{\omega-x-t+1} {}_{u-1}p_{\overline{x+t:y+t}} \prod_{s=1}^{u} (1+r_{t+s})}$$

$ARV_{\overline{x+t:y+t}}$ 表示在 t 时刻，借款人未来可获得的现金流的现值。

$M_{\overline{xy+t}} = \sum_{u=1}^{t} AR_{\overline{xy}} \prod_{s=u}^{t} (1+r_s)$，表示在 $x+t$ 时刻偿还前期贷款需要支出的金额。

具体计算步骤如下：

（1）判断是否行权：若 $O_t > 0$ 时，借款人行使赎回权；若 $O_t < 0$ 时，则不会行使赎回权。

（2）计算赎回权价格。

赎回权的价格是指可能发生的行权收益在期初贴现值的期望，即赎回权最终定价为：

$$P = \sum_{t=1}^{\omega-x+1} \frac{APV_{\overline{x+t:y+t}} - aH_t - M_{\overline{xy+t}}}{(1+r)^t} \cdot {}_tp_x \tag{7.14}$$

7.7　本 章 小 结

本部分首先阐明了反向抵押贷款基本定价模型构建的理论依据，即风险中性定价理论。在以往基于利率和房价双因素波动的定价模型的基础上，增加考虑死亡率波动参数，创新性地构建了基于利率、房价和死亡率三因素波动的动态综合定价体系。在此定价体系中区分无赎回权反向抵押贷款和有赎回权反向抵押贷款两大类产品进行分别定价，分别介绍了两类产品的定价的基本思路，进一步区分一次性总额支付方式和终身年金支付方式、区分性别的单生命状态和双生命状态构建了不同产品的定价模型。形成了一套全面、综合、系统的反向抵押贷款定价模型体系。

本章还指出并分析了以往国内研究对反向抵押贷款赎回选择权理解上的偏差，按照一般理解对赎回权重新进行了概念界定，提出反向抵押贷款赎回权更适宜采用美式期权进行操作与定价，并构建了相应的定价模型。

第 8 章

定 价 结 果 与 检 验 分 析

8.1 参 数 设 定

8.1.1 定价时点的设定

假设定价所处的时间点为 2013 年初，使用的当前数据均为 2013 年初的数据，历史数据为 2012 年底之前的数据。

8.1.2 单生命状态下 $_{t|}q_x$ 参数的设定

这里引入 Lee – Carter 模型解决贷款机构面临的借款人死亡率波动风险的问题，根据定价时点的要求，使用 Lee – Carter 模型首先预测出 2010 ~ 2013 年养老金产品经验生命表，计算结果详见表 3 – 1。接着依照保险精算的原理计算反向抵押贷款定价所需要的死亡率 $_{t|}q_x$。

根据公式 7.1，分别以 60 岁、65 岁、70 岁、75 岁和 80 岁的借款人为例，利用预测生命表（表 3 – 1），分别测算男性借款人和女性借款人在未来各年度的死亡率 $_{t-1|}q_x$，计算结果如表 8 – 1 和表 8 – 2 所示。

表 8 – 1　　　60 岁、65 岁、70 岁、75 岁和 80 岁的男性借款人 $_{t-1}|q_x$ 表

t \ x	60 岁	65 岁	70 岁	75 岁	80 岁
1	0.00400704	0.00725925	0.01311158	0.02345451	0.04134368
2	0.00460159	0.00811054	0.01456441	0.02565330	0.04439296
3	0.00512754	0.00905357	0.01615169	0.02797789	0.04741678
4	0.00571174	0.01009626	0.01787935	0.03041473	0.05035169
5	0.00635694	0.01124670	0.01964995	0.03294442	0.05311008
6	0.00707192	0.01251151	0.02154632	0.03553717	0.05560038
7	0.00790124	0.01389785	0.02356622	0.03815820	0.05771357
8	0.00881994	0.01541248	0.02570169	0.04075734	0.05933201
9	0.00983573	0.01706108	0.02794028	0.04328005	0.06033221
10	0.01095648	0.01875064	0.03026416	0.04565104	0.06059578
11	0.01218865	0.02056023	0.03264597	0.04779160	0.06001307
12	0.01353922	0.02248768	0.03505376	0.04960800	0.05849860
13	0.01501477	0.02452542	0.03744144	0.05099914	0.05600439
14	0.01662082	0.02666155	0.03975892	0.05185886	0.05253076
15	0.01826679	0.02887908	0.04193701	0.05208542	0.04814254
16	0.02002967	0.03115189	0.04390342	0.05158455	0.04297442
17	0.02190739	0.03344948	0.04557204	0.05028277	0.03723271
18	0.02389255	0.03572789	0.04685000	0.04813887	0.03118299
19	0.02597356	0.03793930	0.04763978	0.04515308	0.02513227
20	0.02813386	0.04001771	0.04784791	0.04138117	0.01939290
21	0.03034802	0.04189412	0.04738778	0.03693889	0.01424454
22	0.03258632	0.04348638	0.04619192	0.03200357	0.00989592
23	0.03480593	0.04470585	0.04422243	0.02680350	0.00645560
24	0.03696028	0.04545948	0.04147957	0.02160257	0.00392300
25	0.03898506	0.04565808	0.03801453	0.01666926	0.00220121
26	0.04081305	0.04521902	0.03393365	0.01224397	0.00198593
27	0.04236422	0.04407789	0.02939986	0.00850609	
28	0.04355222	0.04219854	0.02462285	0.00554894	
29	0.04428641	0.03958120	0.01984505	0.00337203	
30	0.04447988	0.03627474	0.01531310	0.00189206	
31	0.04405215	0.03238063	0.01124783	0.00170702	
32	0.04294046	0.02805433	0.00781406		
33	0.04110961	0.02349595	0.00509750		

t \ x	60 岁	65 岁	70 岁	75 岁	80 岁
34	0.03855981	0.01893682	0.00309769		
35	0.03533868	0.01461228	0.00173813		
36	0.03154506	0.01073306	0.00156814		
37	0.02733040	0.00745644			
38	0.02288964	0.00486420			
39	0.01844815	0.00295592			
40	0.01423521	0.00165858			
41	0.01045610	0.00149637			
42	0.00726403				
43	0.00473868				
44	0.00287965				
45	0.00161578				
46	0.00145776				

表 8 – 2　　60 岁、65 岁、70 岁、75 岁和 80 岁的女性借款人 $_{t-1}|q_x$ 表

t \ x	60 岁	65 岁	70 岁	75 岁	80 岁
1	0.00224912	0.00418604	0.00802694	0.01546621	0.02885971
2	0.00254067	0.00473918	0.00907472	0.01725002	0.03175173
3	0.00286968	0.00537590	0.01024789	0.01919902	0.03479716
4	0.00323947	0.00609286	0.01155711	0.02131789	0.03796199
5	0.00365587	0.00690008	0.01301581	0.02360732	0.04119987
6	0.00412511	0.00780785	0.01466317	0.02606492	0.04445209
7	0.00467020	0.00882704	0.01635436	0.02867687	0.04763736
8	0.00529765	0.00996818	0.01820216	0.03142739	0.05065696
9	0.00600418	0.01124167	0.02021102	0.03428573	0.05339530
10	0.00679965	0.01266055	0.02238157	0.03721005	0.05571371
11	0.00769421	0.01426295	0.02471157	0.04014733	0.05746107
12	0.00869856	0.01590798	0.02718790	0.04302413	0.05847979
13	0.00982310	0.01770535	0.02979560	0.04575132	0.05861584
14	0.01107805	0.01965938	0.03250553	0.04822447	0.05773104
15	0.01247628	0.02177068	0.03527802	0.05031837	0.05572955

续表

t \ x	60 岁	65 岁	70 岁	75 岁	80 岁
16	0.01405535	0.02403709	0.03806278	0.05189651	0.05257053
17	0.01567644	0.02644583	0.04079021	0.05281658	0.04829407
18	0.01744765	0.02898236	0.04337580	0.05293946	0.04303754
19	0.01937324	0.03161832	0.04572054	0.05214034	0.03703837
20	0.02145382	0.03431514	0.04770572	0.05033268	0.03062495
21	0.02368723	0.03702389	0.04920192	0.04747957	0.02418661
22	0.02606092	0.03967688	0.05007421	0.04361725	0.01812440
23	0.02856053	0.04219189	0.05019071	0.03886977	0.01278936
24	0.03115812	0.04447264	0.04943309	0.03345156	0.00842629
25	0.03381569	0.04640364	0.04771928	0.02765921	0.00513403
26	0.03648501	0.04785900	0.04501432	0.02184437	0.00533070
27	0.03909939	0.04870748	0.04135253	0.01636922	
28	0.04157780	0.04882080	0.03685155	0.01155084	
29	0.04382535	0.04808386	0.03171467	0.00761028	
30	0.04572824	0.04641683	0.02622308	0.00463685	
31	0.04716242	0.04378569	0.02071016	0.00481447	
32	0.04799855	0.04022386	0.01551929		
33	0.04811022	0.03584573	0.01095109		
34	0.04738401	0.03084905	0.00721514		
35	0.04574124	0.02550735	0.00439609		
36	0.04314840	0.02014489	0.00456449		
37	0.03963840	0.01509571			
38	0.03532400	0.01065219			
39	0.03040004	0.00701821			
40	0.02513609	0.00427610			
41	0.01985169	0.00443991			
42	0.01487599				
43	0.01049715				
44	0.00691606				
45	0.00421386				
46	0.00437529				

8.1.3　双生命状态下死亡率和生存率参数的设定

根据公式 7.3，利用预测生命表（表 3－1），计算双借款人在最后生存状态下未来各年度的生存率，如表 8－3 所示。

表 8－3　　　　最后生存者状态生存率$_{t|}P_{\overline{xy}}$表

t ＼ x, y	65, 60	70, 65	75, 70	80, 75
1	0.99998367	0.99994511	0.99981173	0.99936057
2	0.99992638	0.99975299	0.99916017	0.99719502
3	0.99981293	0.99937322	0.99789174	0.99308731
4	0.99962377	0.99874155	0.99581752	0.98656134
5	0.99933388	0.99777944	0.99270776	0.97708608
6	0.99891137	0.99638790	0.98828213	0.96408513
7	0.99831469	0.99444433	0.98223921	0.94695695
8	0.99749079	0.99179841	0.97421911	0.92510126
9	0.99637370	0.98826775	0.96381520	0.89795954
10	0.99488488	0.98363291	0.95057988	0.86506399
11	0.99292496	0.97762687	0.93403302	0.82609529
12	0.99037193	0.96997612	0.91368067	0.78094873
13	0.98707732	0.96034722	0.88903728	0.72979615
14	0.98286223	0.94836600	0.85966094	0.67313707
15	0.97751256	0.93362349	0.82519452	0.61183088
16	0.97076814	0.91568383	0.78541384	0.54709189
17	0.96236949	0.89410219	0.74028320	0.48044095
18	0.95199648	0.86844497	0.69000629	0.41361315
19	0.93929115	0.83832251	0.63506772	0.34842692
20	0.92386379	0.80342662	0.57625914	0.28662712
21	0.90530049	0.76357426	0.51467361	0.22973815
22	0.88318065	0.71875814	0.45166373	0.17894264
23	0.85709621	0.66919261	0.38876336	0.13500935
24	0.82668306	0.61535088	0.32757719	0.09827675
25	0.79165673	0.55798849	0.26964756	0.06867924
26	0.75185383	0.49813769	0.21632955	0.04498165

续表

t \ x, y	65, 60	70, 65	75, 70	80, 75
27	0. 70728023	0. 43706884	0. 16868562	0. 02861243
28	0. 65815448	0. 37621902	0. 12741956	0. 01706160
29	0. 60494285	0. 31709132	0. 09285601	0. 00945132
30	0. 54838163	0. 26113287	0. 06495512	0. 00481447
31	0. 48947148	0. 20962026	0. 04264609	0. 00000000
32	0. 42944066	0. 16356132	0. 02712680	
33	0. 36967703	0. 12363179	0. 01617572	
34	0. 31163237	0. 09015253	0. 00896058	
35	0. 25670605	0. 06309850	0. 00456449	
36	0. 20613546	0. 04148211	0. 00000000	
37	0. 16090153	0. 02638640		
38	0. 12166655	0. 01573422		
39	0. 08875017	0. 00871601		
40	0. 06213553	0. 00443991		
41	0. 04087834	0. 00000000		
42	0. 02600235			
43	0. 01550521			
44	0. 00858915			
45	0. 00437529			
46	0. 00000000			

利用公式7.2，可以测算最后生存状态的借款人在各年度的死亡率，计算结果如表8-4所示。

表8-4　　　　　最后生存者状态死亡率 $_{t|}q_{\overline{xy}}$ 表

t \ x, y	65, 60	70, 65	75, 70	80, 75
1	0. 00001633	0. 00005489	0. 00018827	0. 00063943
2	0. 00005729	0. 00019213	0. 00065156	0. 00216555
3	0. 00011345	0. 00037977	0. 00126843	0. 00410771
4	0. 00018916	0. 00063167	0. 00207422	0. 00652596
5	0. 00028989	0. 00096211	0. 00310976	0. 00947527

续表

t \ x, y	65, 60	70, 65	75, 70	80, 75
6	0. 00042251	0. 00139154	0. 00442563	0. 01300094
7	0. 00059669	0. 00194357	0. 00604291	0. 01712818
8	0. 00082390	0. 00264592	0. 00802010	0. 02185569
9	0. 00111710	0. 00353065	0. 01040391	0. 02714173
10	0. 00148882	0. 00463484	0. 01323532	0. 03289555
11	0. 00195991	0. 00600604	0. 01654686	0. 03896869
12	0. 00255303	0. 00765075	0. 02035235	0. 04514656
13	0. 00329461	0. 00962890	0. 02464339	0. 05115258
14	0. 00421509	0. 01198123	0. 02937634	0. 05665908
15	0. 00534967	0. 01474251	0. 03446642	0. 06130619
16	0. 00674442	0. 01793966	0. 03978068	0. 06473899
17	0. 00839865	0. 02158164	0. 04513064	0. 06665094
18	0. 01037301	0. 02565722	0. 05027691	0. 06682780
19	0. 01270533	0. 03012246	0. 05493857	0. 06518623
20	0. 01542736	0. 03489588	0. 05880858	0. 06179980
21	0. 01856331	0. 03985236	0. 06158553	0. 05688897
22	0. 02211984	0. 04481612	0. 06300988	0. 05079551
23	0. 02608444	0. 04956553	0. 06290037	0. 04393329
24	0. 03041315	0. 05384174	0. 06118616	0. 03673259
25	0. 03502633	0. 05736239	0. 05792963	0. 02959751
26	0. 03980290	0. 05985080	0. 05331800	0. 02369759
27	0. 04457360	0. 06106884	0. 04764394	0. 01636922
28	0. 04912575	0. 06084982	0. 04126606	0. 01155084
29	0. 05321163	0. 05912770	0. 03456355	0. 00761028
30	0. 05656122	0. 05595844	0. 02790089	0. 00463685
31	0. 05891015	0. 05151261	0. 02230902	0. 00481447
32	0. 06003082	0. 04605894	0. 01551929	
33	0. 05976363	0. 03992953	0. 01095109	
34	0. 05804465	0. 03347927	0. 00721514	
35	0. 05492633	0. 02705403	0. 00439609	
36	0. 05057059	0. 02161639	0. 00456449	
37	0. 04523392	0. 01509571		
38	0. 03923498	0. 01065219		

续表

t \ x, y	65, 60	70, 65	75, 70	80, 75
39	0.03291638	0.00701821		
40	0.02661464	0.00427610		
41	0.02125718	0.00443991		
42	0.01487599			
43	0.01049715			
44	0.00691606			
45	0.00421386			
46	0.00437529			

8.1.4 无风险利率 r

由于本书采用的是风险中性定价法，因此折现因子应使用无风险利率。由于我国的国库券利率缺乏无风险特征，因此选取 2013 年初的金融机构人民币一年期存款基准利率作为无风险利率，数值为 3%。

8.1.5 房产价值增值率 g_s

在房产价格波动分析中，构造了灰色马尔可夫预测模型，根据此模型预测结果，求出未来每一年的房产价值增值率。

8.1.6 反向抵押贷款年利率

贷款利率的初始值 r_0，采用 2013 年初的金融机构人民币 5 年期以上贷款基准利率表示，数值为 6.55%。

在第 3 章贷款利率波动分析中，假设贷款利率在未来的波动过程类似于一个单纯跳跃过程，波动率与利率水平相关，建立的利率波动模型。

$$dr_t = K_t \cdot dP$$

其中，dP 服从参数为 0.1161 的泊松分布，K_t 服从正态分布 N（0，$0.108856r_t$）。

此游走过程为月度模型，在定价计算中需要将月度数据换算为相应的年度数据。按照金融机构调整住房抵押贷款利率的一般做法，如果在当年内金融机构使用的央行贷款基准利率发生变化，在下一年反向抵押贷款将按照新调整的贷款利率进行计息。

8.1.7　费用率 α

α 表示申请反向抵押贷款的费用占房屋评估价值的比例，主要包括发起费用，支付给第三方的服务费、因存在无追索权保证需要支付的保险费等。这里参照美国 HECM 的做法，假设费用率占房屋初始评估价值的 6%。我国实际应用中，应按照运作机制的安排进行核算，确定一个合理的费用率。

8.1.8　房屋折旧率 β

一般性建筑的耐久年限为 50～100 年，取保守估计，假设住宅房屋的折旧期限为 50 年，采用直线折旧的方法，在不考虑残值的情况下，年折旧率设为 2%。

8.2　一次性总额支付方式下单生命状态的定价结果与敏感性分析——无赎回权

根据上述定价模型，假设房产初始评估价值为 100 万元，以 60 岁、65 岁、70 岁、75 岁和 80 岁的男性借款人为例，使用 MATLAB 进行蒙特卡洛模拟，测算得出不同年龄的借款人可以获得的一次性总额支付的贷款金额，如表 8－5 所示。

表 8－5　　　　不同年龄的男性借款人可获得的一次性总付贷款额

年龄	60 岁	65 岁	70 岁	75 岁	80 岁
平均剩余寿命	24.84	20.44	16.31	12.56	9.26

续表

年龄	60 岁	65 岁	70 岁	75 岁	80 岁
一次性总付贷款额（元）	505828.37	564440.28	624081.01	682456.39	737127.54
贷款比例（%）	50.58	56.44	62.41	68.25	73.71

注：贷款比例是指一次性总付贷款金额占初始房产评估价值的比例。

分析上述测算结果，可以得出如下主要结论：

第一，从趋势上看，借款人申请反向抵押贷款时的年龄越大，可获得的借款金额占房产价值的比例越高。如同样是拥有 100 万元房产的男性借款申请人，60 岁的人可一次性获得 50.6 万元的借款额，70 岁可获得 66.4 万元，80 岁的人能获得 73.7 万元。这是由于借款人年龄越大，剩余寿命越短，因此合同结束时房屋价值的贴现值就越大。

第二，通过抵押房产，老年人在不失去原住所的前提下，可以获得相当大的额外资金来源，如拥有 100 万元房产的 60 岁的男性借款人每年可获得近 50 余万元的贷款，80 岁借款人每年可获得 73 万多元。可见，通过反向抵押贷款获得的资金能在很大程度上提高老年人的生活、医疗等条件的水平。

第三，与国内其他定价研究的实证分析结果相比，本书的结果是相对居中的，以 60 岁男性申请人可获得的贷款比例作为比较对象，表 8 - 5 的计算结果为 0.51，路静等（2010）计算结果为 0.66，柴晓武等（2012）计算结果为 0.25。虽然论文与上述研究使用的测算方法及使用数据存在差异，并不具备完全意义上的可比性，单从测算结果上看，表 8 - 5 的结果更具有合理性。首先相对于借款人而言，贷款机构承担了主要风险，包括借款人生存率超过预期值、房价下滑或增长达不到预期值、借款人提前还款等风险，因此充分考虑风险发生概率的情况下，定价结果并不会很高；但如果获得的贷款金额与房产评估值相差过于悬殊，仅为房产价值的一少部分的话，势必会影响老年人参与的积极性。因此，将贷款机构承担了主要风险和借款人抵押房产后可获得的贷款额度综合考量，本书的定价结果更为合理。

在此定价模型下，分别对初始贷款利率、贷款费用率、房屋折旧率这些参数分别进行调整，与参照组进行对照，对计算结果进行敏感性分析，结果如表 8 – 6 所示。

表 8 – 6　　一次性总额支付方式下男性借款人的定价结果敏感性分析

年龄	参照组	贷款利率变动		贷款费率变动	
	r0 = 6.55% a = 6% b = 2% r = 3%	r0 = 5.55% a = 6% b = 2% r = 3%	r0 = 7.55% a = 6% b = 2% r = 3%	r0 = 6.55% a = 5% b = 2% r = 3%	r0 = 6.55% a = 7% b = 2% r = 3%
60 岁	505828	636379	400486	510326	501331
65 岁	564440	679835	463783	569608	559273
70 岁	624081	722284	531233	629955	618207
75 岁	682456	763095	600302	689046	675867
80 岁	737128	800940	667948	744413	729842
年龄	参照组	房产折旧率变动		无风险利率变动	
	r0 = 6.55% a = 6% b = 2% r = 3%	r0 = 6.55% a = 6% b = 1% r = 3%	r0 = 6.55% a = 6% b = 3% r = 3%	r0 = 6.55% a = 6% b = 1% r = 3%	r0 = 6.55% a = 6% b = 3% r = 3%
60 岁	505828	652751	393650	511127	499010
65 岁	564440	697770	458366	569583	558071
70 岁	624081	741169	527211	628899	618329
75 岁	682456	781575	597387	686791	677456
80 岁	737128	817571	665718	740851	732966

　　敏感性分析结果显示：第一，从显著性程度上看，定价结果对房产折旧率变动的敏感度最高，其次是贷款利率，无风险利率，贷款费率，对费用率的变动相对最不敏感。第二，从变动方向上看，对于相同年龄的借款人，贷款利率与可获得的贷款金额负相关，贷款利率越高，复利计算的贷款成本就越高，因此借款人可获得的贷款金额就越少；费用率与获得贷款金额也存在负相关性，扣减的费用越多，借款人获得的贷款数额就越少；同理，折旧率与贷款金额也为负相关关系；房屋价值与贷款金额成正相关关系，房屋价值越高，可获得的贷款数额越多，无风险利率与贷款金额成负相关关系，无风险利率越高，扣减的初始费用积累值越高，因此贷款金额越少，反之无风险利率较低，扣减的费用累积值

越低，贷款金额越多。

根据上述定价模型的公式 7.2，假设房产初始评估价值为 100 万，以 60 岁、65 岁、70 岁、75 岁和 80 岁的女性借款人为例，使用 MATLAB 进行蒙特卡洛模拟，进而测算得出不同年龄的借款人可以获得的一次性总额支付的贷款金额，如表 8 - 7 所示。

表 8 - 7　　　　不同年龄的女性借款人可获得的一次性总付贷款额

年龄	60 岁	65 岁	70 岁	75 岁	80 岁
平均剩余寿命	27.60	22.97	18.56	14.45	10.76
一次性总付贷款额（元）	470068.19	528752.02	590089.73	651890.49	711579.82
贷款比例（%）	47.01	52.88	59.01	65.19	71.16

分析表 8 - 7 的测算结果，可以得出如下主要结论：

第一，从趋势上看，借款人申请反向抵押贷款时的年龄越大，可获得的借款金额占房产价值的比例越高。如同样是拥有 100 万房产的女性借款申请人，60 岁的人可一次性获得 47 万元的借款额，70 岁可获得 59 万元，80 岁的人能获得 71 万元。这是由于借款人年龄越大，剩余寿命越短，因此合同结束时房屋价值的贴现值就越大。

第二，通过抵押房产，老年人在不失去原住所的前提下，可以获得相当大的额外资金来源，如拥有 100 万元房产的 65 岁的女性借款人每年可获得近 52 万元的贷款，80 岁借款人每年可获得 71 万多元。可见，通过反向抵押贷款获得的资金能在很大程度上提高老年人的生活、医疗等条件的水平。

第三，将表 8 - 5 和表 8 - 7 的结果进行对比，可以发现，拥有的房产价值相同的情况下，相同年龄的女性借款人可获得的贷款金额较男性要少。以 70 岁的借款人为例，若均拥有 100 万的房产，男性可获得 62.4 万元，女性只能获得 59 万元。这主要是由于女性的平均剩余寿命要高于男性，仍以 60 岁人为例，男性的平均剩余寿命为 24.84 年，女性为 27.6 年。这表示在其他条件相同的情况下，女性的平均贷款期限要长于男性，合同期限越长，合同结束时房屋价值的贴现值就越少。

在此定价模型下，分别对初始贷款利率、贷款费用率、房屋折旧率这些参数分别进行调整，与参照组进行对照，对计算结果进行敏感性分析，结果如表 8 - 8 所示。

表 8 - 8　　一次性总额支付方式下女性借款人的定价结果敏感性分析

年龄	参照组	贷款利率变动		贷款费率变动	
	r0 = 6.55% a = 6% b = 2% r = 3%	r0 = 5.55% a = 6% b = 2% r = 3%	r0 = 7.55% a = 6% b = 2% r = 3%	r0 = 6.55% a = 5% b = 2% r = 3%	r0 = 6.55% a = 7% b = 2% r = 3%
60 岁	470068	609364	362347	474161	465975
65 岁	528752	654113	424031	533502	524002
70 岁	590090	698426	491643	595552	584627
75 岁	651890	741834	563153	658098	645683
80 岁	711580	783390	635505	718532	704628
年龄	参照组	房产折旧率变动		无风险利率变动	
	r0 = 6.55% a = 6% b = 2% r = 3%	r0 = 6.55% a = 6% b = 1% r = 3%	r0 = 6.55% a = 6% b = 3% r = 3%	r0 = 6.55% a = 6% b = 1% r = 3%	r0 = 6.55% a = 6% b = 3% r = 3%
60 岁	470068	624834	354686	624834	354686
65 岁	528752	671320	417762	671320	417762
70 岁	590090	717236	486911	717236	486911
75 岁	651890	761023	559773	761023	559773
80 岁	711580	801281	633046	801281	633046

　　从表 8 - 8 可以看出，定价结果对房产折旧率的变动最敏感，其次是贷款利率，无风险利率，贷款费率，对费用率的变动相对最不敏感。从变动方向上看，对于相同年龄的借款人，贷款利率与可获得的贷款金额成负相关关系，与费用率存在负相关性；同理，与折旧率为负相关关系；房屋价值与贷款金额成正相关关系，无风险利率与贷款金额成负相关关系。这些结果与之前的分析结果相吻合。

8.3 一次性总额支付方式下双生命状态的 定价结果与敏感性分析——无赎回权

假设房屋的评估价值为 100 万元，分别以不同年龄的男女借款人组合（65，60）、（70，65）、（75，70）、（80，75）为例（左边年龄较大的设为男性，右边年龄较小的设为女性），申请一次性总额支付方式的贷款金额，如表 8 - 9 所示。

表 8 - 9　　　　双借款人可共同获得的一次性总付贷款额

年龄	65，60	70，65	75，70	80，75
平均剩余寿命	29.79	25.02	20.42	16.07
一次性总付贷款额（元）	423061.18	472281.90	540148.43	615054.60
贷款比例（%）	42.31	47.23	54.01	61.51

从表 8 - 9 的定价结果来看，双借款人可获得的贷款比例以及申请人年龄变化的趋势跟单生命状态下的计算结果基本相同，申请人年龄越高，可获得的贷款比例越高。与单生命状态下的定价结果表 8 - 5 和表 8 - 7 相比，双借款人的贷款比例较单生命状态下的可获得的贷款比例要小。这是由于双借款人状态，贷款期限是以两人中寿命较长者的剩余寿命为限，因此双借款人共同剩余寿命的期望值较单生命状态下的值高。

以（65，60）和（70，65）的年龄组合为例，进行定价结果的敏感性分析，结果如表 8 - 10 所示。

表 8 - 10　　　一次性总额支付方式下双借款人产品定价结果敏感性分析

年龄					(65，60)	(70，65)
$r0 = 6.55\%$	H0 = 100 万	a = 6%	b = 2%	r = 3%	430317.8	479080.7
$r0 = 5.55\%$	H0 = 100 万	a = 6%	b = 2%	r = 3%	587208	632217.3
$r0 = 7.55\%$	H0 = 100 万	a = 6%	b = 2%	r = 3%	322407	374477.2
$r0 = 6.55\%$	H0 = 50 万	a = 6%	b = 2%	r = 3%	215158.9	239540.4
$r0 = 6.55\%$	H0 = 150 万	a = 6%	b = 2%	r = 3%	645476.7	718621.1

续表

年龄					(65, 60)	(70, 65)
r0 = 6.55%	H0 = 100 万	a = 5%	b = 2%	r = 3%	433969.7	483293.5
r0 = 6.55%	H0 = 100 万	a = 7%	b = 2%	r = 3%	426665.9	474868
r0 = 6.55%	H0 = 100 万	a = 6%	b = 1%	r = 3%	591177.9	624784.1
r0 = 6.55%	H0 = 100 万	a = 6%	b = 3%	r = 3%	312457.5	366976.9
r0 = 6.55%	H0 = 100 万	a = 6%	b = 1%	r = 2%	435731.1	484393.2
r0 = 6.55%	H0 = 100 万	a = 6%	b = 3%	r = 4%	423061.2	472281.9

从表 8 - 10 可以看出，定价结果对各参数的敏感度从高到低分别是：房产折旧率、贷款利率、无风险利率、贷款费率、费用率。可获得的一次性总付的贷款金额与贷款利率成负相关关系，与费用率存在负相关性，与折旧率也为负相关关系，与房屋价值成正相关关系，与无风险利率成负相关关系。这些结果与之前的分析结果相吻合。

8.4 终身年金支付方式下单生命状态的定价结果与敏感性分析——无赎回权

假设申请时住房价值为 100 万元，分别以年龄为 60 岁、65 岁、70 岁、75 岁、80 岁的借款人为例，进行终身年金支付下男性和女性分别的年领取金额数，定价结果如表 8 - 11 和表 8 - 12 所示。

表 8 - 11   不同年龄的男性借款人可获得的终身年金支付额

年龄	60 岁	65 岁	70 岁	75 岁	80 岁
终身生存年金（元）	35293.05	43227.30	54277.62	70450.88	95480.20

表 8 - 12   不同年龄的女性借款人可获得的终身年金支付额

年龄	60 岁	65 岁	70 岁	75 岁	80 岁
终身生存年金（元）	32063.65	38931.25	48370.03	62018.96	83049.62

分析以上的测算结果，可以得出以下几个主要结论：

第一，申请反向抵押贷款时，借款人的年龄越大，可获得的年金支付金额越高。如同样是拥有100万元房产的男性借款申请人，60岁的人可每年领3.5万元，70岁可每年领5.4万元，80岁可每年领9.5万元。这是由于借款人年龄越大，剩余寿命越短，因此合同结束时房屋价值的贴现值就越大。

第二，通过抵押房产，老年人在不失去原住所的前提下，每个年度可以获得相当大的额外资金来源，如果房产价值是100万元，老年人均可获得不低于3万元的年收入。可见，通过反向抵押贷款获得的资金能在很大程度上提高老年人的生活、医疗等条件的水平。

第三，如要保证借款人通过参加住房反向抵押能获得足够的年收入，对其房产价值的要求随申请人年龄的增大而降低。国家统计局公布数据显示，2011年全国城镇居民人均可支配收入为21810元，若以此为警示线，利用上述模型测算，60岁男性借款人的房产价值须达到61.76万元，70岁人的房产须达到40.18万元，80岁人须拥有22.84万元房产。从测算结果来看，如果无其他收入，仅仅依靠反向抵押贷款获得养老资金的话，对70岁以下的低龄老年人来讲，由于对房产价值要求较高，此产品吸引力有限，但随着对房产价值要求的下降，高龄老人会更偏好此融资模式。

第四，将表8-11和表8-12的结果进行对比，可以发现，拥有的房产价值相同的情况下，相同年龄的女性借款人可获得的贷款金额较男性要少。以60岁的借款人为例，若均拥有100万元的房产，每年男性可获得3.5万元，女性只可获得3.2万元；申请人年龄80岁，每年男性可领取9.5万元，女性可领取8.3万元。主要是由于女性的平均剩余寿命要高于男性，仍以60岁人为例，男性平均剩余寿命16.31年，女性为18.56年。这表示在其他条件相同的情况下，女性的平均贷款期限要长于男性，合同期限越长，结束时房屋价值的贴现值就越少。

假设初始利率为6.55%，房产评估价值100万元，初始费率6%，折旧率为2%，无风险利率为3%。分别以70岁的男性借款人和女性借款人为例，对初始贷款利率、贷款费用率、房屋折旧率这些参数分别进行上下调整，与参照组进行对照，对计算结果进行敏感性分析，结果如表8-13所示。

表 8 – 13　　　终身年金支付方式下不同性别的借款人的定价结果敏感性分析

年龄					70 岁男性	70 岁女性
r0 = 6. 55%	H0 = 100 万	a = 6%	b = 2%	r = 3%	430317. 8	479080. 7
r0 = 5. 55%	H0 = 100 万	a = 6%	b = 2%	r = 3%	587208	632217. 3
r0 = 7. 55%	H0 = 100 万	a = 6%	b = 2%	r = 3%	322407	374477. 2
r0 = 6. 55%	H0 = 50 万	a = 6%	b = 2%	r = 3%	215158. 9	239540. 4
r0 = 6. 55%	H0 = 150 万	a = 6%	b = 2%	r = 3%	645476. 7	718621. 1
r0 = 6. 55%	H0 = 100 万	a = 5%	b = 2%	r = 3%	433969. 7	483293. 5
r0 = 6. 55%	H0 = 100 万	a = 7%	b = 2%	r = 3%	426665. 9	474868
r0 = 6. 55%	H0 = 100 万	a = 6%	b = 1%	r = 3%	591177. 9	624784. 1
r0 = 6. 55%	H0 = 100 万	a = 6%	b = 3%	r = 3%	312457. 5	366976. 9
r0 = 6. 55%	H0 = 100 万	a = 6%	b = 1%	r = 2%	435731. 1	484393. 2
r0 = 6. 55%	H0 = 100 万	a = 6%	b = 3%	r = 4%	423061. 2	472281. 9

从表 8 – 13 可以看出，定价结果对各参数的敏感度从高到低分别是：房产折旧率、贷款利率、无风险利率、贷款费率、费用率。可获得的一次性总付的贷款金额与贷款利率成负相关关系，与费用率存在负相关性，与折旧率也为负相关关系，与房屋价值成正相关关系，与无风险利率成负相关关系。这些结果与之前的分析结果相吻合。从定价结果的敏感度的显著性水平和变动趋势上看，男性借款人和女性借款人并无显著差别，这些结果与之前的分析结论也基本相吻合。

8.5　终身年金支付方式下双生命状态的定价结果与敏感性分析——无赎回权

假设房屋的评估价值为 100 万元，分别以不同年龄的男女借款人组合（65，60）、（70，65）、（75，70）、（80，75）为例（左边年龄较大的设为男性，右边年龄较小的设为女性），申请终身年金支付方式的贷款金额，如表 8 – 14 所示。

表 8 – 14　　　不同年龄的双借款人可获得的终身年金支付额

年龄	65，60	70，65	75，70	80，75
终身生存年金（元）	30846. 37	37231. 32	45875. 87	58231. 96

仅以（65，60）岁的年龄组合为例，对定价结果进行敏感性分析，结果如表 8 – 15 所示。

表 8 – 15　　　　　终身年金支付方式下双借款人的定价结果敏感性分析

				65，60
r0 = 6.55%	a = 6%	b = 2%	r = 3%	30846
r0 = 5.55%	a = 6%	b = 2%	r = 3%	37927
r0 = 7.55%	a = 6%	b = 2%	r = 3%	24500
r0 = 6.55%	a = 6%	b = 2%	r = 3%	15423
r0 = 6.55%	a = 6%	b = 2%	r = 3%	46270
r0 = 6.55%	a = 5%	b = 2%	r = 3%	31103
r0 = 6.55%	a = 7%	b = 2%	r = 3%	30590
r0 = 6.55%	a = 6%	b = 1%	r = 3%	43545
r0 = 6.55%	a = 6%	b = 3%	r = 3%	21746
r0 = 6.55%	a = 6%	b = 1%	r = 2%	31258
r0 = 6.55%	a = 6%	b = 3%	r = 4%	30282

从表 8 – 15 可以看出，双生命状态下定价结果对各参数的敏感度与之前的分析结果相吻合。

8.6　反向抵押贷款赎回权的定价结果与检验

有赎回权定价因程序复杂，运行时间太长，受到电脑性能和 Matlab 计算速度的限制，仅能以单生命状态下 70 岁的男性借款人、70 岁的女性借款人，以及双生命状态下男女年龄分别为 70 岁和 65 岁的年龄组合为例进行赎回权的定价测算与检验。

假设初始贷款利率为 6.55%，住房评估价值为 100 万元，初始费用率为 6%，房屋折旧率为 2%，根据以上参数进行定价测算，结果如表 8 – 16 所示。

表 8 – 16　　　　　　　不同支付形式、不同生命状态下赎回权定价结果

	一次性总额支付			终身年金支付		
	70 岁男性	70 岁女性	(70, 65)	70 岁男性	70 岁女性	(70, 65)
价额（元）	14614	16543	21882	80303	75762	36909
比例（%）	1.46	1.65	2.19	8.03	7.58	3.69

分析表 8 – 16 的实证定价结果，主要有以下几个结论：

第一，终身年金支付形式下的赎回权价格明显高于一次性总额支付形式下的赎回权价格。这是由于年金支付方式下借款人执行赎回权的可能性较一次性总额支付形式下要大得多，因此产生了较高的赎回权价格差异。

第二，双生命状态的平均生命寿命最长，其次是女性的平均剩余寿命，男性的平均余命最短，从贷款期限上看，可行权期越长期权价格越高，与实践结果相符合。

8.7　本章小结

本章考虑到反向抵押贷款利率、住房价值和借款人死亡率三个主要风险的波动过程各不相同，定价复杂性程度高，因此使用 Matlab 软件编写了程序（详见附录 3），模拟了三大要素同时变化的情景，克服了以往定价中使用静态参数的缺陷，实现了第 7 章定价模型的数值计算，并对定价结果的合理性进行了实证检验。通过对结果的进一步分析，认为本书的定价结果均在合理的范围内，验证了前文构建的定价模型体系的合理性。

综合实证分析，主要结论如下：

第一，实证分析结果表明：从趋势上看，借款人可获得的贷款数额与申请人的年龄成反向关系，与房产的价值成正向关系，与费用率、折旧率、无风险利率为负相关关系；从敏感的显著性程度看，定价结果对房产折旧率的变动最敏感，其次是贷款利率，无风险利率，贷款费率，对费用率的变动相对最不敏感。

第二，比较不同生命状态下的申请人可领取贷款金额的多少，无论是一次性总额领取方式还是终身年金领取方式，均可以发现如下规律：在假

设拥有的房产价值、年龄等其他计算参数相同的情况下，男性借款人可获得的贷款金额最多，其次是女性借款人，双借款人的可获得贷款金额最少。主要是由于双生命状态下最后生存者的平均剩余寿命要长于单生命状态下的借款人，另外，生命表的普遍规律是，女性的平均剩余寿命要高于男性。这表示在其他条件相同的情况下，双生命状态借款人的平均贷款期限最长，而单生命状态下男性的平均贷款期限最短。贷款持续时间越长，合同结束时房屋价值的贴现值就越少。

第三，从测算结果来看，对 70 岁以下的低龄老年人来讲，由于对房产价值要求较高，此产品吸引力有限，但随着对房产价值要求的下降，高龄老人会更偏好此融资模式。在无其他收入的情况下，当拥有价值 61.76 万元房产的 60 岁男性老人通过反向抵押贷款获得的年收入可达到城镇居民可支配收入的人均水平，高龄申请人对房屋的价值要求会降低，如 70 岁老人要达到此水平收入房产价值略低于 40.18 万元，80 岁老人房产价值只需达到 22.84 万元。

第四，定价结果相对其他类似研究处于居中位置，此结果能比较充分地反映贷款机构所承担的风险，同时借款人可获得的贷款金额，在现有的消费水平上能显著改善其养老条件。

第9章

结论、政策建议与展望

我国老龄化社会已经到来，并且老龄化进程正在加速，面临养老资金严重不足的困扰。反向抵押贷款作为一种新型的金融养老产品，是现阶段解决养老资金来源的一条有效途径，可以成为社会养老保障制度和传统的家庭养老模式的有益补充。反向抵押贷款是一种复杂的金融产品，涉及的风险因素和影响程度远超传统的住房抵押贷款，此产品要想在中国顺利推出，最为关键的内容是反映和衡量贷款机构和借款人所面临的风险因素，进而能够进行合理定价。由此，本书基于实施反向抵押贷款的现实背景，详细分析了影响反向抵押贷款定价的主要风险因素贷款利率、住房价格、借款人预期寿命，在此基础上构建了一套综合反向抵押贷款产品定价模型体系。

9.1 本书主要结论

本书的主要研究成果如下：

（1）本书综合全面地分析了影响反向抵押贷款定价的各种风险因素，包括贷款利率波动、房产价值波动，借款人未来死亡率波动等主要风险，分别从风险识别、风险衡量和风险防范的角度进行了详细分析，对于不断变化的风险参数，综合模拟了其在贷款存续期间可能的波动路径，以及如何在定价模型中充分反映这些动态风险参数。

（2）以往研究反向抵押贷款定价的文献中，在考量借款人预期寿命时，均基于静态死亡率假定，使用生命表取值计算，未能反映借款人群死亡率变化对定价的影响。基于中国人寿保险业新、老经验生命表的数据的对比，发现人口死亡率出现了显著降低的趋势，呈现动态波动特征。本书在识别样本数据基本特征的基础上，创新性的将 Lee—Carter 死亡率预测的方法应用于反向抵押贷款定价模型的借款人死亡率参数的估计，构建动态死亡率波动模型，并定量分析了此风险对反向抵押贷款定价的影响。

（3）本书采用灰色系统理论的预测方法，构建了灰色马尔可夫房价预测模型，并利用中房全国二手住宅价格指数对反向抵押贷款的抵押住房价值走势进行了动态预测，进而阐述了如何将此风险参数的预测嵌入到反向抵押贷款的定价模型，充分反映贷款利率波动对反向抵押贷款定价的影响。

（4）目前我国银行存贷款利率市场受政府管制，国外经常采用的随机利率波动模型对我国适用性不强。考虑到反向抵押贷款产品运作的特殊性，贷款期限在十几年甚至几十年，其利率水平不可能在市场上随意波动，比较大的可能性是随着央行基准利率的调整作一定幅度的变动。本书提出我国适合采用"单纯跳跃式利率波动模型"进行反向抵押贷款浮动利率的描述，并编写了数值模拟程序，拟合效果较好，同时对未来利率波动路径进行了预测。并阐明如何将此风险参数的预测嵌入到贷款的定价模型，充分体现贷款利率波动对反向抵押贷款定价的影响。

（5）本书指出并分析了以往国内研究对反向抵押贷款赎回权理解上的缺陷，按照国外一般理解对赎回权重新进行了概念界定。本书理解的赎回权，也可称为提前赎回可选择权，其实是在一个无赎回权反向抵押贷款的基础上植入一个可提前赎回的选择项，类似于通常的美式期权。这样在定价时，可首先按照无赎回权反向抵押贷款进行定价计算，然后再单独计算此选择权的价格。这种做法有利于贷款机构设计不同类型的可赎回选择权，提供给借款人自主选择。

（6）构建了全面动态的反向抵押贷款定价模型体系。鉴于在我国反向抵押贷款主要风险因素具有很强的可描述性特征，以及还无法形成标准化运行的市场的情况下，适合采用风险中性定价方法进行产品定价。因此，本书采用中性定价法，创新性地构建了基于利率、房价和借款人死亡率三因素波动的反向抵押贷款综合定价模型体系。在此定价体系中具体区分有赎回权与无赎回权、一次性总额支付与终身年金支付、单生命状态与双生命状态等不同情况，分别构建了精算定价模型。

（7）考虑到反向抵押贷款涉及的风险因素多种多样，且各因素的波动过程各不相同，复杂性程度高，因此本书采用 Matlab 软件，编写了蒙特卡洛数值模拟程序，对模型各要素进行了全方位的数值模拟和测算。有效克服了以往定价模型中使用静态参数的缺陷，定价结果更为合理。

通过测算与检验，可得出以下主要结论：

第一，从趋势上看，借款人可获得的贷款数额与申请人的年龄成反向关系，与房产的价值成正向关系，与费用率、折旧率、无风险利率为负相关关系；从敏感的显著性程度看，定价结果对房产折旧率的变动最敏感，其次是贷款利率，无风险利率，贷款费率，对费用率的变动相对最不敏感。

第二，比较不同生命状态下的申请人可领取贷款金额的多少，无论是一次性总额领取方式还是终身年金领取方式，均可以发现如下规律：在假设拥有的房产价值、年龄等其他计算参数相同的情况下，男性借款人可获得的贷款金额最多，其次是女性借款人，双生命状态可获得的贷款金额最少。主要是由于双生命状态下最后生存者的平均剩余寿命要长于单生命状态下的借款人，另外，生命表的普遍规律是，女性的平均剩余寿命要高于男性。这表示在其他条件相同的情况下，双生命状态借款人的平均贷款期限最长，而单生命状态下男性的平均贷款期限最短。贷款持续时间越长，合同结束时房屋价值的贴现值就越少。

第三，从测算结果来看，对 70 岁以下的低龄老年人来讲，由于对房产价值要求较高，此产品吸引力有限，但随着对房产价值要求的下降，高龄老人会更偏好此融资模式。在无其他收入的情况下，当拥有价值 61.76 万元房产的 60 岁男性老人通过反向抵押贷款获得的年收入可达到城镇居民可支配收入的人均水平，高龄申请人对房屋的价值要求会降低，如 70 岁老人要达到此水平收入房产价值略低于 40.18 万元，80 岁老人房产价值只需达到 22.84 万元。

第四，定价结果相对其他类似研究处于居中位置，此结果能比较充分地反映贷款机构所承担的风险，同时借款人可获得的贷款金额，在现有的消费水平上能显著改善其养老条件。

9.2 政策建议

9.2.1 反向抵押贷款定价须充分考虑各风险参数对定价结果的影响

本书的研究结论表明，反向抵押贷款风险参数的设定将直接影响定价结果的准确性。如果贷款机构无法对风险进行有效识别和衡量会带来三方面的后果：一是定价结果没有充分依据，有失公平性原则；二是有可能随着经济、市场和监管环境的变化，实际经营结果严重偏离预期，将导致贷款机构遭受损失；三是由于反向抵押贷款合同期限较长，如果无法准确预测风险发展方向，经过长期累积，可能会对贷款机构的财务稳定性和经营效益造成极为严重的负面影响，本书的敏感性分析结果也体现了这一点。因此有必要对各风险因素进行准确预测，充分考虑其波动对定价结果的影响，须将各种风险参数在定价测算中予以充分、准确的反映，才能保证定价结果的公平、合理。

9.2.2 加强反向抵押贷款的风险防范

反向抵押贷款业务经营中也应注意采取有效的风险管理手段进行风险防范，保证各种风险发展不会偏离定价预期太多，保证贷款机构能够获得合理的收益。具体可以从如下两个方面加强反向抵押贷款的风险防范。

1. 完善反向抵押贷款保险制度

反向抵押贷款涉及的风险多且复杂，贷款机构可以通过保险的方式，进行风险的分散和转移，推动住房反向抵押贷款业务的稳健发展。反向抵押贷款的具体保险安排可以包括人寿保险、住房价值保险、财产保险、保证保险、年金保险和利率保险。

（1）借款人人寿保险。这种保险方式主要用于防范借款人的长寿风险。借款人寿命越长，贷款合同的期限越长，风险越难以预料，对金融资金的稳定有较大影响，所以应当将人寿保险列入强制保险的范畴。

采用这种保险方式可使多方受益。从借款方来看，虽然增加了额外的费用负担，但是如果其实际寿命短于预计寿命的话，则相当于增加了一份生命保障；从贷款方来看，可以把预期寿命的风险转移给保险公司，因为老年房主的实际寿命如果长于预计寿命的话，视为保险事故的发生，由保险公司向老年房主支付，贷款机构不再负有付款的义务；从保险公司来看，随着住房反向抵押贷款的扩展，可以拓宽此项业务，增加收益，并且还可以减少政府对贷款机构提供的担保。

（2）利率保险。未来的利率走向，往往是很难准确预测的，这就需要对利率实施相应的保险，从而帮助贷款机构分散利率波动的影响。然而利率保险对降低贷款机构风险的作用取决于贷款机构与借款人之间的谈判能力，包括涉及保费是否能够转嫁的问题。另一方面是建立一种在被保险人和保险公司之间的收益分享或损失共担的新机制。总的来说，利率保险可以使贷款机构锁定未来借款人需偿还的贷款总额，从而锁定其净收益。

（3）住房价值保证保险。贷款机构可以通过购买此保险有效防范住房价格波动风险。具体运作是贷款机构向保险公司缴纳保险费，贷款到期如房产价值低于贷款累积金额，可以从保险公司获得赔偿，保证了贷款机构的财务稳健性。

（4）财产保险。反向抵押贷款中，由财产保险公司提供保障老年房主财产安全的家庭财产保险。住房作为抵押物对贷款双方都具有重要意义，当借款人赖以生活的房屋遭受火灾、爆炸、自然灾害等事故，导致借贷双方共同损失。因此，住房财产的保险收益应为贷款方和借款方共同所有，贷款方获得支付的贷款金额及利息部分，借款方获得剩余款项。

2. 建立反向抵押贷款经营联盟

我国实行分业经营，银行、保险、社保、信托等机构独立开展反向抵押贷款各有其优劣势。银行拥有雄厚的资金，个人储蓄存款中用于购买住房、准备养老的资金也占有较高的比例，而且传统的房地产贷款是由银行开办的，经验较为丰富。然而此业务运作周期长，银行无管理长寿风险经验，储蓄业务以活期或短期为主，存在短存长贷，周期不匹配问题。保险机构尤其是寿险公司对长寿风险的控制经验丰富；在产品设计、风险管理方面具有人才优势；具有大量的长期负债，与反向抵押贷款业务周期较匹配，但受目前政策限制，保险公司没有金融信贷功能，不允许进行普通房地产项目投资。社保机构虽然资金雄厚，且业务范围跟养老相关，但对贷款发放及房产价值评估、维护和销售等领域缺乏经验。另外房地产经纪公司、专业咨询机构、法律公证机构、房地产评估公司等中介机构，在发展反向抵押贷款的过程中也是不可或缺的。综上所述，由上述机构独立开办反向抵押贷款，一定会存在这样或那样的问题，有必要将他们联合起来，建立以开办机构为主体，中介机构综合参与的服务平台，实现优势互补、风险共担，即可通过资源整合建立以政府、房地产部门、中介机构、保险公司、银行、社会保障机构六位一体的住房反向抵押贷款机构联盟，如图9-1所示。

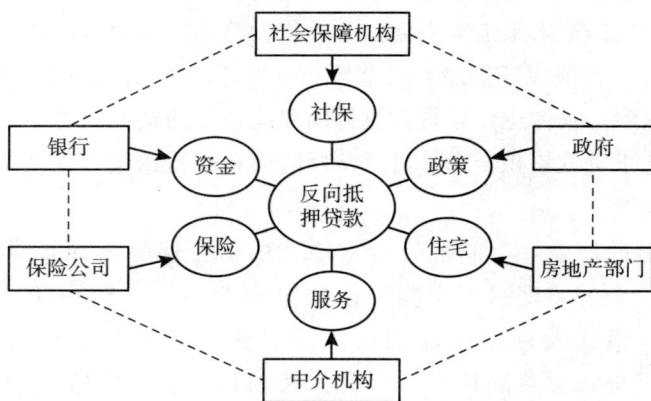

图9-1　反向抵押贷款机构联盟机制

在政府机构提供必要支持的情况下，银行利用其充足的资金和较丰富的经验，并结合评估机构正确合理的估价，按约定发放贷款。政府还应尽可能鼓励商业保险公司参与，结合现行银行风险防范机制，创立政策性的保险机构，并重视房地产部门和社会保障机构在市场上的支持作用，充分利用相关组织机构的优势，真正建立综合反向抵押贷款机构联盟，从而达到转移和分散抵押贷款风险的目的。①

9.3　尚待完善之处与研究展望

　　风险评价与产品定价一直是各类金融业务推出的关键所在，也是反向抵押贷款研究和实践运作的难点。鉴于此产品的运作呈现逆向思维的特点，涉及方面多、风险变动大。同时由于作者时间和能力所限，本研究还有不少需要进一步深化、完善之处，具体表现在以下几方面。

　　（1）重点讨论了影响反向抵押贷款产品定价的利率波动、房价波动、死亡率波动三个主要风险因素，对其他影响因素（如费用率、房产折旧等）由于数据和风险衡量方法的限制在定价测算中仅作为常量考虑。将来的研究中，需要进一步的补充完善。

　　（2）反向抵押贷款的风险防范和管理是近几年的热门话题，尤其是2007 年金融危机之后，人们更加关注金融创新产品的风险防范与管理，本书限于篇幅对反向抵押贷款的风险防范与规避只略有提及。

　　（3）中国的利率市场已经开始了明显的市场化倾向，在本书对贷款利率的预测与模拟中，尚未考虑这一可能在若干年后出现的情况。

　　（4）房价和利率存在一定的相关关系，随着日后数据的完善，需要进一步深化研究二者关系，测算相关程度，并进一步完善定价模型。

　　（5）本书虽然建立了定价模型并编写了计算程序，但鉴于计算机性能的限制，无法组织大型复杂的数据运算，因此无法得到相关的系统数据计算结果，这个技术问题也尚待解决。

　　这些均是今后努力和研究的目标。

---

　　①　资料来源：鞠海峰. 城镇住房反向抵押贷款风险及其对策研究［D］西安建筑科技大学硕士论文，2010.

附录

附录 1　中国人寿保险业经验生命
表（1990～1993）

年龄	非养老金业务表		养老金业务表	
	男	女	男	女
0	0. 003037	0. 002765	0. 002733	0. 002489
1	0. 002157	0. 001859	0. 001941	0. 001673
2	0. 001611	0. 001314	0. 001450	0. 001183
3	0. 001250	0. 000966	0. 001125	0. 000869
4	0. 001000	0. 000734	0. 000900	0. 000661
5	0. 000821	0. 000573	0. 000739	0. 000516
6	0. 000690	0. 000458	0. 000621	0. 000412
7	0. 000593	0. 000375	0. 000534	0. 000338
8	0. 000520	0. 000315	0. 000468	0. 000284
9	0. 000468	0. 000274	0. 000421	0. 000247
10	0. 000437	0. 000249	0. 000393	0. 000224
11	0. 000432	0. 000240	0. 000389	0. 000216
12	0. 000458	0. 000248	0. 000412	0. 000223
13	0. 000516	0. 000269	0. 000464	0. 000242
14	0. 000603	0. 000302	0. 000543	0. 000272
15	0. 000706	0. 000341	0. 000635	0. 000307
16	0. 000812	0. 000382	0. 000731	0. 000344
17	0. 000907	0. 000421	0. 000816	0. 000379
18	0. 000981	0. 000454	0. 000883	0. 000409
19	0. 001028	0. 000481	0. 000925	0. 000433
20	0. 001049	0. 000500	0. 000944	0. 000450
21	0. 001048	0. 000511	0. 000943	0. 000460
22	0. 001030	0. 000517	0. 000927	0. 000465

年龄	非养老金业务表		养老金业务表	
	男	女	男	女
23	0.001003	0.000519	0.000903	0.000467
24	0.000972	0.000519	0.000875	0.000467
25	0.000945	0.000519	0.000851	0.000467
26	0.000925	0.000520	0.000833	0.000468
27	0.000915	0.000525	0.000824	0.000473
28	0.000918	0.000533	0.000826	0.000480
29	0.000933	0.000546	0.000840	0.000491
30	0.000963	0.000566	0.000867	0.000509
31	0.001007	0.000592	0.000906	0.000533
32	0.001064	0.000625	0.000958	0.000563
33	0.001136	0.000666	0.001022	0.000599
34	0.001222	0.000714	0.001100	0.000643
35	0.001321	0.000772	0.001189	0.000695
36	0.001436	0.000838	0.001292	0.000754
37	0.001565	0.000914	0.001409	0.000823
38	0.001710	0.001001	0.001539	0.000901
39	0.001872	0.001098	0.001685	0.000988
40	0.002051	0.001208	0.001846	0.001087
41	0.002250	0.001331	0.002025	0.001198
42	0.002470	0.001468	0.002223	0.001321
43	0.002713	0.001620	0.002442	0.001458
44	0.002981	0.001790	0.002683	0.001611
45	0.003276	0.001979	0.002948	0.001781
46	0.003601	0.002188	0.003241	0.001969
47	0.003958	0.002420	0.003562	0.002178
48	0.004352	0.002677	0.003917	0.002409
49	0.004784	0.002962	0.004306	0.002666
50	0.005260	0.003277	0.004734	0.002949
51	0.005783	0.003627	0.005205	0.003264
52	0.006358	0.004014	0.005722	0.003613
53	0.006991	0.004442	0.006292	0.003998
54	0.007686	0.004916	0.006917	0.004424
55	0.008449	0.005440	0.007604	0.004896

年龄	非养老金业务表		养老金业务表	
	男	女	男	女
56	0.009288	0.006020	0.008359	0.005418
57	0.010210	0.006661	0.009189	0.005995
58	0.011222	0.007370	0.010100	0.006633
59	0.012333	0.008154	0.011100	0.007339
60	0.013553	0.009022	0.012198	0.008120
61	0.014892	0.009980	0.013403	0.008982
62	0.016361	0.011039	0.014725	0.009935
63	0.017972	0.012209	0.016175	0.010988
64	0.019740	0.013502	0.017766	0.012152
65	0.021677	0.014929	0.019509	0.013436
66	0.023800	0.016505	0.021420	0.014855
67	0.026125	0.018244	0.023513	0.016420
68	0.028671	0.020162	0.025804	0.018146
69	0.031457	0.022278	0.028311	0.020050
70	0.034504	0.024610	0.031054	0.022149
71	0.037835	0.027180	0.034052	0.024462
72	0.041474	0.030009	0.037327	0.027008
73	0.045446	0.033123	0.040901	0.029811
74	0.049779	0.036549	0.044801	0.032894
75	0.054501	0.040313	0.049051	0.036282
76	0.059644	0.044447	0.053680	0.040002
77	0.065238	0.048984	0.058714	0.044086
78	0.071317	0.053958	0.064185	0.048562
79	0.077916	0.059405	0.070124	0.053465
80	0.085069	0.065364	0.076562	0.058828
81	0.092813	0.071876	0.083532	0.064688
82	0.101184	0.078981	0.091066	0.071083
83	0.110218	0.086722	0.099196	0.078050
84	0.119951	0.095145	0.107956	0.085631
85	0.130418	0.104291	0.117376	0.093862
86	0.141651	0.114207	0.127486	0.102786
87	0.153681	0.124933	0.138313	0.112440
88	0.166534	0.136511	0.149881	0.122860

年龄	非养老金业务表		养老金业务表	
	男	女	男	女
89	0.180233	0.148980	0.162210	0.134082
90	0.194795	0.162374	0.175316	0.146137
91	0.210233	0.176721	0.189210	0.159049
92	0.226550	0.192046	0.203895	0.172841
93	0.243742	0.208364	0.219368	0.187528
94	0.261797	0.225680	0.235617	0.203112
95	0.280694	0.243992	0.252625	0.219593
96	0.300399	0.263285	0.270359	0.236957
97	0.320871	0.283531	0.288784	0.255178
98	0.342055	0.304690	0.307850	0.274221
99	0.363889	0.326708	0.327500	0.294037
100	0.386299	0.349518	0.347669	0.314566
101	0.409200	0.373037	0.368280	0.335733
102	0.432503	0.397173	0.389253	0.357456
103	0.456108	0.421820	0.410497	0.379638
104	0.479911	0.446863	0.431920	0.402177
105	1.000000	1.000000	1.000000	1.000000

附录 2 中国人寿保险业经验生命
表（2000～2003）

年龄	非养老金业务表		养老金业务表	
	男	女	男	女
0	0.000722	0.000661	0.000627	0.000575
1	0.000603	0.000536	0.000525	0.000466
2	0.000499	0.000424	0.000434	0.000369
3	0.000416	0.000333	0.000362	0.00029
4	0.000358	0.000267	0.000311	0.000232
5	0.000323	0.000224	0.000281	0.000195
6	0.000309	0.000201	0.000269	0.000175
7	0.000302	0.000183	0.000268	0.000164
8	0.000301	0.000174	0.000262	0.000151
9	0.000303	0.000168	0.000263	0.000146
10	0.000305	0.000166	0.000265	0.000144
11	0.000308	0.000165	0.000268	0.000143
12	0.000313	0.000167	0.000272	0.000145
13	0.000324	0.000172	0.000282	0.000149
14	0.000343	0.00018	0.000298	0.000157
15	0.000372	0.000193	0.000324	0.000168
16	0.000412	0.000208	0.000358	0.000181
17	0.000459	0.000226	0.0004	0.000196
18	0.000512	0.000245	0.000445	0.000213
19	0.000564	0.000264	0.00049	0.000229
20	0.000612	0.000282	0.000532	0.000245
21	0.000654	0.000299	0.000569	0.00026
22	0.000689	0.000314	0.000599	0.000273
23	0.000716	0.000326	0.000623	0.000284
24	0.000739	0.000337	0.000643	0.000293

年龄	非养老金业务表		养老金业务表	
	男	女	男	女
25	0.000757	0.000345	0.00066	0.000301
26	0.000775	0.000353	0.000676	0.000308
27	0.000794	0.000362	0.000693	0.000316
28	0.000818	0.000374	0.000712	0.000325
29	0.000849	0.00039	0.000734	0.000337
30	0.000889	0.00041	0.000759	0.000351
31	0.000937	0.000436	0.000788	0.000366
32	0.000993	0.000465	0.00082	0.000384
33	0.001055	0.000496	0.000855	0.000402
34	0.001121	0.000528	0.000893	0.000421
35	0.001194	0.000563	0.000936	0.000441
36	0.001275	0.000601	0.000985	0.000464
37	0.001367	0.000646	0.001043	0.000493
38	0.001472	0.000699	0.001111	0.000528
39	0.001589	0.000761	0.001189	0.000569
40	0.001715	0.000828	0.001275	0.000615
41	0.001845	0.000897	0.001366	0.000664
42	0.001978	0.000966	0.001461	0.000714
43	0.002113	0.001033	0.00156	0.000763
44	0.002255	0.001103	0.001665	0.000815
45	0.002413	0.001181	0.001783	0.000873
46	0.002595	0.001274	0.001918	0.000942
47	0.002805	0.001389	0.002073	0.001026
48	0.003042	0.001527	0.002248	0.001129
49	0.003299	0.00169	0.002439	0.001249
50	0.00357	0.001873	0.002638	0.001384
51	0.003847	0.002074	0.002843	0.001548
52	0.004132	0.002295	0.003054	0.001714
53	0.004434	0.002546	0.003277	0.001893
54	0.004778	0.002836	0.003545	0.002093
55	0.005203	0.003178	0.003838	0.002318
56	0.005744	0.003577	0.004207	0.002607
57	0.006427	0.004036	0.004676	0.002979

年龄	非养老金业务表		养老金业务表	
	男	女	男	女
58	0.00726	0.004613	0.005275	0.00341
59	0.008229	0.005163	0.006039	0.003816
60	0.009313	0.005779	0.006989	0.004272
61	0.010644	0.006468	0.007867	0.004781
62	0.011805	0.007239	0.008725	0.005351
63	0.013092	0.008102	0.009677	0.005988
64	0.014519	0.009066	0.010731	0.006701
65	0.0161	0.010145	0.0119	0.007499
66	0.017898	0.011376	0.013229	0.008408
67	0.019895	0.012768	0.014705	0.009438
68	0.022113	0.01433	0.016344	0.010592
69	0.024575	0.016081	0.018164	0.011886
70	0.027307	0.018045	0.020184	0.013337
71	0.03034	0.020245	0.022425	0.014964
72	0.033703	0.022712	0.024911	0.016787
73	0.037434	0.025475	0.027668	0.018829
74	0.041463	0.02857	0.030647	0.021117
75	0.045918	0.032068	0.033939	0.023702
76	0.050839	0.035841	0.037577	0.026491
77	0.056274	0.040049	0.041594	0.029602
78	0.062273	0.044742	0.046028	0.03307
79	0.068891	0.049971	0.05092	0.036935
80	0.076187	0.055796	0.056312	0.041241
81	0.084224	0.062281	0.062253	0.046033
82	0.093071	0.069494	0.068791	0.051365
83	0.1028	0.077511	0.075983	0.057291
84	0.113489	0.086415	0.083883	0.063872
85	0.125221	0.096294	0.092554	0.071174
86	0.13808	0.107243	0.102059	0.079267
87	0.152157	0.119364	0.112464	0.088225
88	0.167543	0.132763	0.123836	0.098129
89	0.184333	0.147553	0.136246	0.109061
90	0.202621	0.16385	0.149763	0.121107

续表

年龄	非养老金业务表		养老金业务表	
	男	女	男	女
91	0. 2225	0. 181775	0. 164456	0. 134355
92	0. 244059	0. 201447	0. 180392	0. 148896
93	0. 267383	0. 222987	0. 197631	0. 164816
94	0. 292544	0. 246507	0. 216228	0. 182201
95	0. 319604	0. 272115	0. 236229	0. 201129
96	0. 348606	0. 299903	0. 257666	0. 221667
97	0. 379572	0. 329942	0. 280553	0. 24387
98	0. 412495	0. 362281	0. 304887	0. 267773
99	0. 447334	0. 396933	0. 330638	0. 293385
100	0. 48401	0. 433869	0. 357746	0. 320685
101	0. 522397	0. 473008	0. 386119	0. 349615
102	0. 562317	0. 514211	0. 415626	0. 380069
103	0. 603539	0. 557269	0. 446094	0. 411894
104	0. 64577	0. 601896	0. 477308	0. 444879
105	1	1	1	1

参 考 文 献

[1] 柴晓武，胡平．美国反向抵押贷款发展历程及对我国的启迪 [J]．经济与管理研究，2010（4）：55 – 63．

[2] 柴效武，岑惠．住房抵押贷款与反抵押贷款的异同评析 [J]．海南金融，2004（7）：45 – 47．

[3] 柴效武，张海敏，朱杰．房产养老寿险业务中老年人健康状况评价的不完全信息博弈 [J]．浙江大学学报，2007，37（6）：89 – 97．

[4] 柴效武，孟晓苏．反向抵押贷款制度 [C]．杭州：浙江大学出版社，2008．

[5] 陈近．反向抵押贷款风险定价模型的机理研究 [D]．浙江大学博士学位论文，2010．

[6] 陈珊，谭激扬，杨向群．利率服从 Markov 链的倒按揭模型 [J]．湖南理工学院学报（自然科学版），2007（3）：9 – 12．

[7] 杜鹃．长寿风险与年金保险研究 [J]．金融发展研究，2008（6）．

[8] 范子文．中国反向抵押贷款研究 [M]．北京：中国农业出版社，2011．

[9] 范子文．以房养老：住房反向抵押贷款的国际经验与我国的现实选择 [M]．北京：中国金融出版社，2006．

[10] 韩猛，王晓军．Lee_Carter 模型在中国城市人口死亡率预测中的应用与改进 [J]．保险研究，2010（10）．

[11] 韩再．住房反向抵押贷款研究综述 [J]．城市发展研究，2009，（16）：125 – 132．

[12] 洪永淼，林海．中国市场利率动态研究——基于短期国债回购利率的实证分析 [J]．经济学（季刊），2006（5）：511 – 532．

[13] 胡章明．基于神经网络房地产价格指数的预测研究 [J]．中山

大学研究生学刊，2006（2）.

［14］鞠海峰. 城镇住房反向抵押贷款风险及其对策研究［D］. 西安建筑科技大学硕士论文，2010.

［15］况伟大. 利率对房价的影响［J］. 世界经济，2010（4）.

［16］况伟大. 预期、投机与中国城市房价波动［J］. 经济研究，2010（9）.

［17］李兵，姚远，杜鹏，张恺悌. 遗产动机经济学：理论、经验分析及政策意义［J］. 市场与人口分析，2005，S1.

［18］李大营，许伟，陈荣秋. 基于粗糙集和小波神经网络模型的房地产价格走势预测研究［J］. 管理评论，2009，21（11）.

［19］李德荃. 金融经济学［M］. 北京：对外经济贸易大学出版社，2011.

［20］李谨卓. 我国住房反向抵押贷款定价模式研究［D］. 西北农林科技大学硕士学位论文，2010.

［21］李时华. 住房反向抵押贷款：扩大老年消费需求的新途径［J］. 消费经济，2007（1）：35－37.

［22］李向科，丁庭栋. 数理金融学：金融衍生品定价、对冲和套利分析［M］. 北京：北京大学出版社，2008.

［23］李晓林，孙佳美. 生命表基础［M］. 北京：中国财政经济出版社，2006.

［24］李秀芳. 寿险精算实务［M］. 北京：中国财政经济出版社，2006.

［25］林海，郑振龙. 中国利率动态模型研究［J］. 财经问题研究，2005（9）.

［26］刘嘉伟，项银涛. 老龄化社会与商业银行住房反向抵押贷款［J］. 中国金融，2005（12）.

［27］刘慕铭. 一类随机利率下的反向抵押贷款定价模型［D］. 华东师范大学硕士学位论文，2010.

［28］刘思峰，党耀国，方志耕，谢乃明等. 灰色系统理论及其应用［M］. 北京：科学出版社，2010（5）.

［29］卢仿先，尹莎. Lee－Carter 方法在预测中国人口死亡率中的应

用 [J]. 保险职业学院学报, 2005 (6).

[30] 路静, 高鹏, 董纪昌. 基于保险精算的住房反向抵押贷款定价研究 [J]. 管理评论, 2010, 22 (4).

[31] 孟晓苏. 反向抵押贷款: 完善养老保障制度的良方 [J]. 银行保险, 2006 (11): 16 - 17.

[32] 孟晓苏, 柴晓武. 反向抵押贷款 [M]. 北京: 人民出版社, 2009.

[33] 欧阳渊. 以房养老在我国 "试水" 艰难的原因分析 [J]. 中国高新技术企业, 2008.

[34] 沙银华. 日本 "以房养老" 模式普及难 [N]. 中国保险报, 2009 - 11 - 24 (5).

[35] 沈悦, 刘洪玉. 房产价格与宏观经济指标关系的研究 [J]. 价格理论与实践, 2002 (8).

[36] 沈悦, 刘洪玉. 房产资产价值与国家财富的关系研究 [J]. 清华大学学报 (哲学社会科学版), 2004, 19 (1).

[37] 石卉. 住房反向抵押贷款的定价研究 [D]. 南京理工大学硕士学位论文, 2008.

[38] 谈萍, 史占中. 基于灰色 - 马尔可夫模型的上海房价走势实证研究 [J]. 2011 (1).

[39] 王鸿屺. 住房反向抵押贷款的风险因素分析 [J]. 金融资本, 2009 (2).

[40] 王琨. 开展抵押贷款的市场均衡分析 [J]. 经济论坛, 2005 (12): 76 - 77.

[41] 王微. 住房反向抵押贷款理财产品定价问题研究 [D]. 江苏科技大学硕士学位论文, 2009.

[42] 王晓军, 蔡正高. 死亡率预测模型的新进展 [J]. 统计研究, 2008, 25 (9).

[43] 王晓军, 任文东. 有限数据下 Lee_Carter 模型在人口死亡率预测中的应用 [J]. 统计研究, 2012, 29 (6).

[44] 王晓楠. 济南市实行以房养老的可行性研究 [D]. 山东大学硕士学位论文, 2009.

[45] 魏华林, 何士宏. 反向抵押贷款养老保险机制的设计与安排 [J]. 保险研究, 2007 (4).

[46] 魏玮. 反向抵押贷款中的道德风险问题研究 [J]. 江西社会科学, 2007 (7): 152 – 156.

[47] 奂俊芳. 反向抵押贷款的产品定价模型研究 [D]. 华东师范大学硕士学位论文, 2007.

[48] 肖隽子. 住房反向抵押贷款风险研究 [J]. 华中科技大学硕士学位论文, 2006.

[49] 肖遥. 我国住房反向抵押贷款的定价研究 [D]. 重庆大学硕士学位论文, 2007.

[50] 谢赤, 吴雄伟. 基于 Vasicek 模型和 CIR 模型中的中国货币市场利率行为实证分析 [J]. 中国管理科学, 2002, 3: 22 – 25.

[51] 杨楠, 邢力聪. 灰色马尔可夫模型在房价指数预测中的应用 [J]. 统计与信息论坛, 2006 (9).

[52] 游欣霓. 以房养老制度在台湾实施的可行性研究 [D]. 东吴大学硕士论文, 2008.

[53] 詹绚伟, 曾光. 两种不同住房抵押贷款模式证券化的适用性分析 [J]. 技术经济与管理研究, 2005 (2): 64 – 65.

[54] 张仕廉, 刘亚丽. 我国试行住房反向抵押贷款的障碍与对策 [J]. 经济纵横, 2007 (2): 41 – 42.

[55] 张元萍, 王力平. 基于短期利率动态模型的反向抵押贷款赎回权定价 [J]. 投资研究, 2012 (2).

[56] 郑挺国, 刘金全. 随机波动和跳跃下的短期利率动态 [J]. 系统工程与实践, 2012, 32 (11): 2372 – 2380.

[57] 中国家庭金融调查研究中心. 中国家庭金融调查报告. 2011 年 5 月.

[58] 周超. 我国住房反向抵押贷款影响因素分析及定价研究 [J]. 价格理论与实践, 2012 (4).

[59] 周佳. 基于房产价值预测的反向抵押贷款的产品定价模型 [D]. 浙江大学硕士学位论文, 2009.

[60] 周洛华. 资产定价学 [M]. 上海: 上海财经大学出版社,

2004.

[61] 朱劲松. 住房反向抵押贷款中三大不确定因素的探讨 [J]. 中国房地产金融, 2007 (8).

[62] 祝伟, 陈秉正. 动态死亡率下个人年金的长寿风险分析 [J]. 保险研究, 2012 (2).

[63] 祝伟, 陈秉正. 中国城市人口死亡率的预测 [J]. 数理统计与管理, 2009 (7).

[64] Andersen, T. G. and Lund, J. Estimating continuous – time stochastic volatility models of the short-term interest rate [J]. *Journal of Econometrics*, 1997, 77: 343 – 377.

[65] Ando A and Modigliani F. The "Life-cycle" Hypothesis of Saving Aggregate Implications and Tests [J]. *American Economic Review* 53, No. 1 (March 1963), 55 – 84.

[66] Andrew, J. G. , Cairns, P. D. , Dowd, K. , Coughlan, G. D. , Epstein, D. and Khalaf – Allah, M. Mortality Density Forecasts: An Analysis of Six Stochastic Mortality Models [J]. *Insurance: Mathematics and Economics*, 2011, 48 (3): 355 – 367.

[67] Ang. A, Bekaert. G. , Regime Switches in Interest Rates [J]. *Journal of Business and Economic Statistics*, 2002, 20: 163 – 182.

[68] Baer, T. , Eroi, I. , Pater, K. , Pereira, R. and Yoo, S. J. Pricing of Reverse Mortgage on Forward House Sale. atlantis-press. com, 2006:

[69] Bardhan, A. , Karapandza, R. , Urosevic, B. Valuing Mortgage Insurance Contracts in Emerging Market Economies [J]. *The Journal of Real Estate Finance and Economics*, 2006, 32 (1).

[70] Bernheim, B. D. How Strong Are Bequest Motives? Evidence based on Estimates of the Demand for Life Insurance and Annuities. *Journal of Political Economy*, 1991, 55 (5): 899 – 927.

[71] Black, F. and Seholes, M. The pricing of options and corporate liabilities. *Journal of Political Economy*, 1973, 81 (5 – 6): 637 – 659.

[72] Blake, D. and Burrows, W. Survivor bonds: Helping to Hedge Mortality Risk [J]. *Journal of Risk and Insurance*, 2001 (68): 339 – 348.

[73] Blake, D. Reply to Survivor Bonds: a Comment on Blake and Burrows [J]. *Journal of Risk and Insurance*, 2003 (70): 349 – 351.

[74] Boehm, T. B. and Ehrhardt, M. C. Reverse Mortgage and Interest Rate Risk [J]. *Journal of the American Real Estate and Urban Economics Association*, 1994 (2): 387 – 408.

[75] Cairns, A. J. G. , Blake, D. , Dowd, K. A Two-factor Model for Stochastic Mortality with Parameter Uncertainty: Theory and Calibration [J]. *Journal of Risk and Insurance*, 2006, 73: 687 – 718.

[76] Cairns, A. J. G. , Blake, D. and Dowd, K. Pricing death: Frameworks for the Valuation and Securitization of Mortality Risk [J]. *ASTIN Bulletin*, 2006, 36: 79 – 120.

[77] Case K. E. , Shiller R. J. The Efficiency of the Market for Single-family Homes [J]. *The American Economic Review*, 1989, 79 (1).

[78] Chan, K. , Karolyi, G. and Longsta, F. An empirical comparison of alternative models of the short-term interest rate [J]. *The Journal of Finance*, 1992, 47 (3): 1209 – 1227.

[79] Chapman, D. A. and Pearson, N. D. Recent Advances in Estimating Term Structure Models [J]. *Financial Analysts Journal*, 2001, 57 (4): 77 – 95.

[80] Chia, N. C. and Tsui, A. K. Reverse Mortgages as Retirement Financing Instrument: An Option for "Asset-rich and Cash-poor" Singaporeans [J]. *Department of Economics National University of Singapore*, 2005 (1): 1 – 42.

[81] Chen, H. , Cox, S. H. and Yan, Z. A Family of Mortality Jump Models with Parameter Uncertainty: Application to Hedging Longevity Risk in Life Settlements [J] *SSRN Working Paper*, 2011.

[82] Chinloy, P, Megbolugbe I. F. Reverse Mortgages: Contractions and Crossover Risk [J]. *Journal of the American Real Estate and Urban Economics Association*, 1994 (2): 367 – 386.

[83] Cohen, A. and Einav, L. Estimating Risk Preferences from Deductible Choice [J]. *Manuscript*, Stanford University, 2004.

［84］ Constant Indies, G. M. A Theory of the Nominal Term Structure of Interest Rates ［J］. *Review of Financial Studies*, 1992, Vol. 5: 531 – 552.

［85］ Continuous Mortality Investigation （CMI）. Stochastic Projection Methodologies: Lee – Carter Model Features, Example Results and Implications ［J］. *Working Paper* 25. 2007.

［86］ Cox, J. C. , Ingersoll, J. and Ross, S. A. A Theory of the Term Structure of Interest Rates ［J］. *Econometrica*, 1985, 53 （2）: 385 – 407.

［87］ Creighton, A. H. , Jin, H. B. and Piggott, J Emiliano A. Valdez. Longevity Insurance: A Missing Market ［J］. *The Singapore Economic Review*, 2005 （50）: 417 – 435.

［88］ Das, S. R. The Surprise Element: Jumps in Interest Rate ［J］. *Journal of Econometrics*, 2002, 106: 27 – 65.

［89］ Davidoff, T and Welke, G. Selection and Moral Hazard in the Reverse Mortgage Market ［J］. *SSRN Working Paper*, August 26, 2005.

［90］ Deokho, C. and Ma, S. Economic Feasibility of Reverse Mortgage Annuity for the Elderly Housing Welfare ［J］. *Housing Studies Review*, 2004 （12）: 175 – 199.

［91］ Dornbusch R. and Fischer, Macroeconomics, New York: McGraw 2 Hill, S1, 1993.

［92］ Dowd, K. , Andrew, J. G. and Cairns, P. D. Survivor Swaps ［J］. *The Journal of Risk and Insurance*, 2006 （1）: 1 – 17.

［93］ Dowd, K. , Andrew, J. G. , Cairns, P. D. , Coughlan, G. D. , Epstein, D. and Khalaf – Allah, M. Evaluating the Goodness of Fit of Stochastic Mortality Models ［J］. *Insurance: Mathematics and Economics*, 2010, 47 （3）: 255 – 265.

［94］ Finkelstein, A. , McGarry, K. and Sufi, A. Dynamic Inefficiencies in Insurance Markets: Evidence from Long – Term Care Insurance ［J］. *Journal of Risk and Insurance*, 2003 （35）: 244 – 286.

［95］ Gau G. W. Efficient Real Estate Markets: Paradox or Paradigm? ［J］. *Real Estate Economics*, 1987, 15 （2）.

［96］ Gibbs, A. Substantial But Limited Asset: the Role of Housing

Wealth in Paying for Residential Care in J Morton (ad.) Financing Elderly People in Independent Sector Homes: The future, London: Age concern Institute of Gerontology.

[97] Klein, L. S. and Sirmans C. F. Reverse Mortgage and Prepayment Risk [J]. *Journal of the American Real Estate and Urban Economics Association*, 1994 (2): 409 – 431.

[98] Lee, R. D. and Carter, L. R. Modeling and Forecasting U. S. Mortality [J]. *Journal of the American Statistical Association*, 1992, 87: 659 – 675.

[99] Li, N., Lee, R. and Tuljapurkar, S. Using the Lee – Carter Method to Forecast Mortality for Populations with Limited Data [J]. *International Statistical Review*, 2004, 72 (1): 19 – 36.

[100] Lin and Cox. Securitization of Mortality Risks in Life Annuities [J]. *The Journal of Risk and Insurance*, 2005 (2): 227 – 252.

[101] Ma, S., Kim, G. and Lew K., Estimating Reverse Mortgage Insurer's Risk Using Stochastic Models. Conference of Asia – Pacific Risk and Insurance Association in Taipei, Taiwan (July 22 – 25, 2007).

[102] MacMinn, R., Brockett, P. and Blake, D. Longevity Risk and Capital Markets [J]. *The Journal of Risk and Insurance*, 2006, 73, (4).

[103] Merrill, S. R., Finkel, M. and Kutty, N. K. Potential Beneficiaries from Reverse Mortgage Products for Elderly Homeowners [J]. *Real Estate Economics (Summer)*, 1994 (1): 22 – 25.

[104] Merrill, S. R., Finkel, M. and Kutty, N. K. Potential Beneficiaries from Reverse Mortgage Products for Elderly Homeowners: An Analysis of American Housing Survey Date [J]. *Journal of the American Real Estate and Urban Economics Association*, 2003 (2): 257: 299.

[105] Nakajim, M. and Telyukova, I. A. Reverse Mortgage Loans: A Quantitative Analysis [J]. *SSRN Working paper*, August 4, 2011.

[106] Merton, R. C. The Theory of Rational Option Pricing [J]. *The Bell Journal of Economics and Management Science*, 1973, 4 (1): 141 – 183.

[107] Meza, D. and Webb, D. C. Advantageous Selection in Insurance

Markets [J]. *The RAND Journal of Economics*, 2001 (32): 249 - 262.

[108] Miceli, T. J. and Sirmmans, C. F. Reverse Mortgages and Borrower Maintenance Risk [J]. *Journal of the American Real Estate and Urban Economics Association*, 1994 (2): 433 - 450.

[109] Mithell, O. S. and Piggott, J. Unlocking Housing Equity in Japan [J]. *Journal of the Japanese and International Economies*, 2004, 18 (4).

[110] Modigliani, F and Brumberg, R. Utility Analysis and the Consumption Function: an Interpretation of Ccross-section Data [C]. *Post Keynesian Economics*, ed. Kenneth K. Kurihara, 1954.

[111] Phillips, W. and Gwin, S. Reverse Mortgages, *Transactions, Society of Actuaries*, Vol. XLIV, 1993: 289 - 323.

[112] Ramussen, D. W. , Megbolugbe, I. F. and Morgan, B. A. The Reverse Mortgage as an Asset Management Tool [J]. *Housing Policy Debate*, 1995 (8): 173 - 194.

[113] Reed, R. and Gibler, K. M. The Case for Reverse Mortgage in Australia - Applying the USA Experience. In 9th Annual Pacific Rim Real Estate Society Conference, 19th - 22nd January 2003, Brisbunce Australia.

[114] Renshaw, A. E. , and Haberman, S. A Cohort-based Extension to the Lee - Carter Model for Mortality Reduction Factors [J]. *Insurance: Mathematics and Economics*, 2006, 38: 556 - 570.

[115] Renshaw, A. E. , and Haberman, S. Lee - Carter Mortality Forecasting with Age-specific Enhancement [J]. *Insurance: Mathematics and Economics*, 2003, 33: 255 - 272.

[116] Rodda, D. T. , Lam, K. and Andrew, Y. Stochastic Modeling of Federal Housing Administration Home Equity Conversion Mortgages with Low - Cost Refinancing [J]. *Real Estate Economics*, 2004, 32 (4): 59 - 617.

[117] Sanders, A. B. and Una, H. On the Intertemporal Behavior of the Short - Term Rate of Interest [J]. *Journal of Financial and Quantitative Analysis*, 1988, 23: 417 - 423.

[118] Shan H. Reversing the Trend. The Recent Expansion of the Reverse Mortgage Market [J]. *Real Estate Economics*, 2011, 39 (4): 743 - 768.

[119] Shiller, R. J. and Weiss, A. N. Moral Hazard in Home Equity Conversion [J]. *Real Estate Economics*, 2000 (1): 1 – 31.

[120] Stallard E. Demographic Issues in Longevity Risk Analysis [J]. *The Journal of Risk and Insurance*, 2006, 73 (4): 575 – 609.

[121] Szymanoski, E J. Jr. , Risk and the Home Equity Conversion Mortgage [J]. *Journal of the American Real Estate and Urban Economics Association*, 1994 (2): 347 – 366.

[122] Szymanoski, E. J. , Enriquez, J. C. and Diventi, T. R. Home Equity Conversion Mortgage Terminations: Information To Enhance the Developing Secondary Market [J]. *Journal or Policy Development and Research*, 2007 (9): 5 – 45.

[123] Szymanoski, E. J. Jr. Risk and the Home Equity Conversion Mortgage [J]. *Journal of the American Real Estate and Urban Economics Association*, 1994 (2): 347 – 366.

[124] Tse, Y. K. Modeling Reverse Mortgage [J] *Asia Pacific Journal of Management*, 1995 (12): 79 – 95.

[125] U. S. Department of Housing and Urban Development (HUD) . No Place Like Home: A Report to Congress on FHA's Home Equity Conversion Mortgage Program. Washington, DC: U. S. Department of Housing and Urban Development, Office of Policy Development and Research. 2000.

[126] Vasicek O. An Equilibrium Characterization of the Term Structure [J]. *Journal of Financial Economics*, 1977, 5 (2): 177 – 188.

[127] Venti, S. F. and Wise, D. A. Aging and the Income Value of Housing Wealth [J] *Working Paper* No. 3547. National Bureau of Economic Research, 1990.

[128] Wang, L. , Valdez, E. A. Piggott, J. Securitization of Longevity Risk in Reverse Mortgage. FHA Report, 2007 (12) .

[129] Weinrobe, M. An Insurance Plan to Guarantee Reverse Mortgage [J]. *Journal of Risk and Insurance*, 1987 (2): 644 – 659.

致　　谢

本书记录了我博士阶段的主要研究成果，在写作过程中得到了诸多师长、同事和朋友的帮助，在此一并表示感谢。

2009 年，我考入了山东大学经济学院金融系，追随恩师胡金焱教授攻读金融学博士学位。恩师以其渊博的知识、严谨的思维带领我探求知识的真谛，虽然他的工作很忙，但仍不忘组织每周一次的学术讨论班，解答我们学习上的困惑，指导我们如何做研究和论文写作。本书花费了恩师许多心血，从开题、初稿、修改到定稿，从基本概念的内在机理到文章整体的逻辑结构，恩师均予以耐心指导。从此过程中，我也深深体会到恩师深厚的学术造诣和研究问题的特有视角，他严谨治学，认真工作的态度，是我终生学习的榜样。胡老师不仅关心我们的学习，还不忘在生活中指导我如何为人、处事、做研究，鼓励我不断地挑战自己、战胜自己。恩师的再造之恩，我将铭记于心，永远感激！

感谢山东大学经济学院众多师长在我求学和工作期间给予的指点和帮助。特别感谢任燕燕教授、王新军教授、秦凤鸣教授、曹廷求教授、孔丹凤教授、陈晓莉副教授等老师一直以来在学习上的指导，其"传道、授业、解惑"不仅提升了我的知识水平，而且开阔了我的眼界。在本书的开题和修改阶段，各位老师提出了宝贵的建设性意见，帮助我进一步完善了书稿。

感谢我的同学孙健、牛晓燕、羿建华、亓彬等，谢谢他们几年来在生活和课业上的陪伴、帮忙和协助，他们的热情、聪颖和博学，让我受益匪浅！

衷心感谢一直以来默默支持、关心和鼓励我的家人。特别感谢我的父母含辛茹苦把我养大，自始至终支持我的选择，为我的成长提供了良好、温馨的家庭环境，在我工作期间帮我照顾儿女，承担了所有的家务，解除了我的后顾之忧，使我能健康成长、安心学习和工作。谢谢我的先生和一双儿女，没有他们的支持与陪伴，我无法顺利完成本书的写作。

除了上述各位，还有很多老师、同学、朋友和亲人为我提供了帮助、关心和照顾，在此一并致以衷心的谢意，你们的付出我将铭记在心。

本书的完成标志着我博士研究阶段的结束，但对我的人生而言，这将是一个崭新的起点。这几年的学习生活，让我的知识水平、科研能力和思想境界等方面都有了进一步的提高。山大的校训"气有浩然，学无止境"，在未来的人生道路上，我将带着这份感恩和积累，珍惜生活，不懈追求，努力工作，回报社会和所有关心爱护我的人。